This Journal Belongs To

_____

Sunday

DATE:_____

TO-DO LIST

TODAY'S SCHEDULE

Time	
6.00	
6.30	
7.00	
7.30	
8.00	
8.30	
9.00	
9.30	
10.00	
10.30	
11.00	
11.30	
12.00	
12.30	
1.00	
1.30	
2.00	
2.30	
3.00	
3.30	
4.00	
4.30	
5.00	
5.30	
6.00	
6.30	
7.00	
7.30	
8.00	
8.30	
9.00	
9.30	
10.00	
10.30	

TODAY'S MENU

Breakfast	Lunch
Dinner	Snacks

Monday

DATE:_____

TO-DO LIST

TODAY'S MENU

Breakfast	Lunch
Dinner	Snacks

TODAY'S SCHEDULE

Time	
6.00	
6.30	
7.00	
7.30	
8.00	
8.30	
9.00	
9.30	
10.00	
10.30	
11.00	
11.30	
12.00	
12.30	
1.00	
1.30	
2.00	
2.30	
3.00	
3.30	
4.00	
4.30	
5.00	
5.30	
6.00	
6.30	
7.00	
7.30	
8.00	
8.30	
9.00	
9.30	
10.00	
10.30	

Tuesday

DATE:_____

TO-DO LIST

TODAY'S MENU

Breakfast	Lunch
Dinner	Snacks

TODAY'S SCHEDULE

Time	
6.00	
6.30	
7.00	
7.30	
8.00	
8.30	
9.00	
9.30	
10.00	
10.30	
11.00	
11.30	
12.00	
12.30	
1.00	
1.30	
2.00	
2.30	
3.00	
3.30	
4.00	
4.30	
5.00	
5.30	
6.00	
6.30	
7.00	
7.30	
8.00	
8.30	
9.00	
9.30	
10.00	
10.30	

Wednesday

DATE:_____

TO-DO LIST

TODAY'S SCHEDULE

Time	
6.00	
6.30	
7.00	
7.30	
8.00	
8.30	
9.00	
9.30	
10.00	
10.30	
11.00	
11.30	
12.00	
12.30	
1.00	
1.30	
2.00	
2.30	
3.00	
3.30	
4.00	
4.30	
5.00	
5.30	
6.00	
6.30	
7.00	
7.30	
8.00	
8.30	
9.00	
9.30	
10.00	
10.30	

TODAY'S MENU

Breakfast	Lunch
Dinner	Snacks

Thursday

DATE:_____

TO-DO LIST

TODAY'S MENU

Breakfast	Lunch
Dinner	Snacks

TODAY'S SCHEDULE

Time	
6.00	
6.30	
7.00	
7.30	
8.00	
8.30	
9.00	
9.30	
10.00	
10.30	
11.00	
11.30	
12.00	
12.30	
1.00	
1.30	
2.00	
2.30	
3.00	
3.30	
4.00	
4.30	
5.00	
5.30	
6.00	
6.30	
7.00	
7.30	
8.00	
8.30	
9.00	
9.30	
10.00	
10.30	

Friday

DATE:_____

TO-DO LIST

TODAY'S MENU

Breakfast	Lunch
Dinner	Snacks

TODAY'S SCHEDULE

Time	
6.00	
6.30	
7.00	
7.30	
8.00	
8.30	
9.00	
9.30	
10.00	
10.30	
11.00	
11.30	
12.00	
12.30	
1.00	
1.30	
2.00	
2.30	
3.00	
3.30	
4.00	
4.30	
5.00	
5.30	
6.00	
6.30	
7.00	
7.30	
8.00	
8.30	
9.00	
9.30	
10.00	
10.30	

Saturday

DATE:_____

TO-DO LIST

TODAY'S SCHEDULE

6.00	
6.30	
7.00	
7.30	
8.00	
8.30	
9.00	
9.30	
10.00	
10.30	
11.00	
11.30	
12.00	
12.30	
1.00	
1.30	
2.00	
2.30	
3.00	
3.30	
4.00	
4.30	
5.00	
5.30	
6.00	
6.30	
7.00	
7.30	
8.00	
8.30	
9.00	
9.30	
10.00	
10.30	

TODAY'S MENU

Breakfast	Lunch
Dinner	Snacks

Sunday

DATE:_____

TO-DO LIST

TODAY'S SCHEDULE

Time	
6.00	
6.30	
7.00	
7.30	
8.00	
8.30	
9.00	
9.30	
10.00	
10.30	
11.00	
11.30	
12.00	
12.30	
1.00	
1.30	
2.00	
2.30	
3.00	
3.30	
4.00	
4.30	
5.00	
5.30	
6.00	
6.30	
7.00	
7.30	
8.00	
8.30	
9.00	
9.30	
10.00	
10.30	

TODAY'S MENU

Breakfast	Lunch
Dinner	Snacks

Monday

DATE:_____

TO-DO LIST

TODAY'S SCHEDULE

Time	
6.00	
6.30	
7.00	
7.30	
8.00	
8.30	
9.00	
9.30	
10.00	
10.30	
11.00	
11.30	
12.00	
12.30	
1.00	
1.30	
2.00	
2.30	
3.00	
3.30	
4.00	
4.30	
5.00	
5.30	
6.00	
6.30	
7.00	
7.30	
8.00	
8.30	
9.00	
9.30	
10.00	
10.30	

TODAY'S MENU

Breakfast	Lunch
Dinner	Snacks

Tuesday

DATE:_____

TO-DO LIST

TODAY'S SCHEDULE

Time	
6.00	
6.30	
7.00	
7.30	
8.00	
8.30	
9.00	
9.30	
10.00	
10.30	
11.00	
11.30	
12.00	
12.30	
1.00	
1.30	
2.00	
2.30	
3.00	
3.30	
4.00	
4.30	
5.00	
5.30	
6.00	
6.30	
7.00	
7.30	
8.00	
8.30	
9.00	
9.30	
10.00	
10.30	

TODAY'S MENU

Breakfast	Lunch
Dinner	Snacks

Wednesday

DATE:_____

TO-DO LIST

TODAY'S SCHEDULE	
6.00	
6.30	
7.00	
7.30	
8.00	
8.30	
9.00	
9.30	
10.00	
10.30	
11.00	
11.30	
12.00	
12.30	
1.00	
1.30	
2.00	
2.30	
3.00	
3.30	
4.00	
4.30	
5.00	
5.30	
6.00	
6.30	
7.00	
7.30	
8.00	
8.30	
9.00	
9.30	
10.00	
10.30	

TODAY'S MENU

Breakfast	Lunch
Dinner	Snacks

Thursday

DATE:_____

TO-DO LIST

TODAY'S MENU

Breakfast	Lunch
Dinner	Snacks

TODAY'S SCHEDULE

Time	
6.00	
6.30	
7.00	
7.30	
8.00	
8.30	
9.00	
9.30	
10.00	
10.30	
11.00	
11.30	
12.00	
12.30	
1.00	
1.30	
2.00	
2.30	
3.00	
3.30	
4.00	
4.30	
5.00	
5.30	
6.00	
6.30	
7.00	
7.30	
8.00	
8.30	
9.00	
9.30	
10.00	
10.30	

Friday

DATE:_____

TO-DO LIST

TODAY'S MENU

Breakfast	Lunch
Dinner	Snacks

TODAY'S SCHEDULE

Time	
6.00	
6.30	
7.00	
7.30	
8.00	
8.30	
9.00	
9.30	
10.00	
10.30	
11.00	
11.30	
12.00	
12.30	
1.00	
1.30	
2.00	
2.30	
3.00	
3.30	
4.00	
4.30	
5.00	
5.30	
6.00	
6.30	
7.00	
7.30	
8.00	
8.30	
9.00	
9.30	
10.00	
10.30	

Saturday

DATE:_____

TO-DO LIST

TODAY'S MENU

Breakfast	Lunch
Dinner	Snacks

TODAY'S SCHEDULE

Time	
6.00	
6.30	
7.00	
7.30	
8.00	
8.30	
9.00	
9.30	
10.00	
10.30	
11.00	
11.30	
12.00	
12.30	
1.00	
1.30	
2.00	
2.30	
3.00	
3.30	
4.00	
4.30	
5.00	
5.30	
6.00	
6.30	
7.00	
7.30	
8.00	
8.30	
9.00	
9.30	
10.00	
10.30	

Sunday

DATE:_____

TO-DO LIST

TODAY'S MENU

Breakfast	Lunch
Dinner	Snacks

TODAY'S SCHEDULE

Time	
6.00	
6.30	
7.00	
7.30	
8.00	
8.30	
9.00	
9.30	
10.00	
10.30	
11.00	
11.30	
12.00	
12.30	
1.00	
1.30	
2.00	
2.30	
3.00	
3.30	
4.00	
4.30	
5.00	
5.30	
6.00	
6.30	
7.00	
7.30	
8.00	
8.30	
9.00	
9.30	
10.00	
10.30	

Monday

DATE:_____

TO-DO LIST

TODAY'S SCHEDULE

Time	
6.00	
6.30	
7.00	
7.30	
8.00	
8.30	
9.00	
9.30	
10.00	
10.30	
11.00	
11.30	
12.00	
12.30	
1.00	
1.30	
2.00	
2.30	
3.00	
3.30	
4.00	
4.30	
5.00	
5.30	
6.00	
6.30	
7.00	
7.30	
8.00	
8.30	
9.00	
9.30	
10.00	
10.30	

TODAY'S MENU

Breakfast	Lunch
Dinner	Snacks

Tuesday

DATE:_____

TO-DO LIST

TODAY'S SCHEDULE

Time	
6.00	
6.30	
7.00	
7.30	
8.00	
8.30	
9.00	
9.30	
10.00	
10.30	
11.00	
11.30	
12.00	
12.30	
1.00	
1.30	
2.00	
2.30	
3.00	
3.30	
4.00	
4.30	
5.00	
5.30	
6.00	
6.30	
7.00	
7.30	
8.00	
8.30	
9.00	
9.30	
10.00	
10.30	

TODAY'S MENU

Breakfast	Lunch
Dinner	Snacks

Wednesday

DATE:_____

TO-DO LIST

TODAY'S SCHEDULE

Time	
6.00	
6.30	
7.00	
7.30	
8.00	
8.30	
9.00	
9.30	
10.00	
10.30	
11.00	
11.30	
12.00	
12.30	
1.00	
1.30	
2.00	
2.30	
3.00	
3.30	
4.00	
4.30	
5.00	
5.30	
6.00	
6.30	
7.00	
7.30	
8.00	
8.30	
9.00	
9.30	
10.00	
10.30	

TODAY'S MENU

Breakfast	Lunch
Dinner	Snacks

Thursday

DATE:_____

TO-DO LIST

TODAY'S MENU

Breakfast	Lunch
Dinner	Snacks

TODAY'S SCHEDULE

Time	
6.00	
6.30	
7.00	
7.30	
8.00	
8.30	
9.00	
9.30	
10.00	
10.30	
11.00	
11.30	
12.00	
12.30	
1.00	
1.30	
2.00	
2.30	
3.00	
3.30	
4.00	
4.30	
5.00	
5.30	
6.00	
6.30	
7.00	
7.30	
8.00	
8.30	
9.00	
9.30	
10.00	
10.30	

Friday

DATE:_____

TO-DO LIST

TODAY'S SCHEDULE

Time	
6.00	
6.30	
7.00	
7.30	
8.00	
8.30	
9.00	
9.30	
10.00	
10.30	
11.00	
11.30	
12.00	
12.30	
1.00	
1.30	
2.00	
2.30	
3.00	
3.30	
4.00	
4.30	
5.00	
5.30	
6.00	
6.30	
7.00	
7.30	
8.00	
8.30	
9.00	
9.30	
10.00	
10.30	

TODAY'S MENU

Breakfast	Lunch
Dinner	Snacks

Saturday

DATE:_____

TO-DO LIST

TODAY'S MENU

Breakfast	Lunch
Dinner	Snacks

TODAY'S SCHEDULE

Time	
6.00	
6.30	
7.00	
7.30	
8.00	
8.30	
9.00	
9.30	
10.00	
10.30	
11.00	
11.30	
12.00	
12.30	
1.00	
1.30	
2.00	
2.30	
3.00	
3.30	
4.00	
4.30	
5.00	
5.30	
6.00	
6.30	
7.00	
7.30	
8.00	
8.30	
9.00	
9.30	
10.00	
10.30	

Sunday

DATE:_____

TO-DO LIST

TODAY'S MENU

Breakfast	Lunch
Dinner	Snacks

TODAY'S SCHEDULE

Time	
6.00	
6.30	
7.00	
7.30	
8.00	
8.30	
9.00	
9.30	
10.00	
10.30	
11.00	
11.30	
12.00	
12.30	
1.00	
1.30	
2.00	
2.30	
3.00	
3.30	
4.00	
4.30	
5.00	
5.30	
6.00	
6.30	
7.00	
7.30	
8.00	
8.30	
9.00	
9.30	
10.00	
10.30	

Monday

DATE:_____

TO-DO LIST

TODAY'S MENU	
Breakfast	Lunch
Dinner	Snacks

	TODAY'S SCHEDULE
6.00	
6.30	
7.00	
7.30	
8.00	
8.30	
9.00	
9.30	
10.00	
10.30	
11.00	
11.30	
12.00	
12.30	
1.00	
1.30	
2.00	
2.30	
3.00	
3.30	
4.00	
4.30	
5.00	
5.30	
6.00	
6.30	
7.00	
7.30	
8.00	
8.30	
9.00	
9.30	
10.00	
10.30	

Tuesday

DATE:_____

TO-DO LIST

TODAY'S MENU

Breakfast	Lunch
Dinner	Snacks

TODAY'S SCHEDULE

Time	
6.00	
6.30	
7.00	
7.30	
8.00	
8.30	
9.00	
9.30	
10.00	
10.30	
11.00	
11.30	
12.00	
12.30	
1.00	
1.30	
2.00	
2.30	
3.00	
3.30	
4.00	
4.30	
5.00	
5.30	
6.00	
6.30	
7.00	
7.30	
8.00	
8.30	
9.00	
9.30	
10.00	
10.30	

Wednesday

DATE:_____

TO-DO LIST

TODAY'S MENU

Breakfast	Lunch
Dinner	Snacks

TODAY'S SCHEDULE

6.00	
6.30	
7.00	
7.30	
8.00	
8.30	
9.00	
9.30	
10.00	
10.30	
11.00	
11.30	
12.00	
12.30	
1.00	
1.30	
2.00	
2.30	
3.00	
3.30	
4.00	
4.30	
5.00	
5.30	
6.00	
6.30	
7.00	
7.30	
8.00	
8.30	
9.00	
9.30	
10.00	
10.30	

Thursday

DATE:_____

TO-DO LIST

TODAY'S MENU

Breakfast	Lunch
Dinner	Snacks

TODAY'S SCHEDULE

Time	
6.00	
6.30	
7.00	
7.30	
8.00	
8.30	
9.00	
9.30	
10.00	
10.30	
11.00	
11.30	
12.00	
12.30	
1.00	
1.30	
2.00	
2.30	
3.00	
3.30	
4.00	
4.30	
5.00	
5.30	
6.00	
6.30	
7.00	
7.30	
8.00	
8.30	
9.00	
9.30	
10.00	
10.30	

Friday

DATE:_____

TO-DO LIST

TODAY'S MENU

Breakfast	Lunch
Dinner	Snacks

TODAY'S SCHEDULE

Time	
6.00	
6.30	
7.00	
7.30	
8.00	
8.30	
9.00	
9.30	
10.00	
10.30	
11.00	
11.30	
12.00	
12.30	
1.00	
1.30	
2.00	
2.30	
3.00	
3.30	
4.00	
4.30	
5.00	
5.30	
6.00	
6.30	
7.00	
7.30	
8.00	
8.30	
9.00	
9.30	
10.00	
10.30	

Saturday

DATE:_____

TO-DO LIST

TODAY'S MENU

Breakfast	Lunch
Dinner	Snacks

TODAY'S SCHEDULE

Time	
6.00	
6.30	
7.00	
7.30	
8.00	
8.30	
9.00	
9.30	
10.00	
10.30	
11.00	
11.30	
12.00	
12.30	
1.00	
1.30	
2.00	
2.30	
3.00	
3.30	
4.00	
4.30	
5.00	
5.30	
6.00	
6.30	
7.00	
7.30	
8.00	
8.30	
9.00	
9.30	
10.00	
10.30	

Sunday

DATE:_____

TO-DO LIST

TODAY'S MENU

Breakfast	Lunch
Dinner	Snacks

TODAY'S SCHEDULE

Time	
6.00	
6.30	
7.00	
7.30	
8.00	
8.30	
9.00	
9.30	
10.00	
10.30	
11.00	
11.30	
12.00	
12.30	
1.00	
1.30	
2.00	
2.30	
3.00	
3.30	
4.00	
4.30	
5.00	
5.30	
6.00	
6.30	
7.00	
7.30	
8.00	
8.30	
9.00	
9.30	
10.00	
10.30	

Monday

DATE:_____

TO-DO LIST

TODAY'S SCHEDULE

Time	
6.00	
6.30	
7.00	
7.30	
8.00	
8.30	
9.00	
9.30	
10.00	
10.30	
11.00	
11.30	
12.00	
12.30	
1.00	
1.30	
2.00	
2.30	
3.00	
3.30	
4.00	
4.30	
5.00	
5.30	
6.00	
6.30	
7.00	
7.30	
8.00	
8.30	
9.00	
9.30	
10.00	
10.30	

TODAY'S MENU

Breakfast	Lunch
Dinner	Snacks

Tuesday

DATE:_____

TO-DO LIST

TODAY'S SCHEDULE

Time	
6.00	
6.30	
7.00	
7.30	
8.00	
8.30	
9.00	
9.30	
10.00	
10.30	
11.00	
11.30	
12.00	
12.30	
1.00	
1.30	
2.00	
2.30	
3.00	
3.30	
4.00	
4.30	
5.00	
5.30	
6.00	
6.30	
7.00	
7.30	
8.00	
8.30	
9.00	
9.30	
10.00	
10.30	

TODAY'S MENU

Breakfast	Lunch
Dinner	Snacks

Wednesday

DATE:_____

TO-DO LIST

TODAY'S MENU

Breakfast	Lunch
Dinner	Snacks

TODAY'S SCHEDULE

Time	
6.00	
6.30	
7.00	
7.30	
8.00	
8.30	
9.00	
9.30	
10.00	
10.30	
11.00	
11.30	
12.00	
12.30	
1.00	
1.30	
2.00	
2.30	
3.00	
3.30	
4.00	
4.30	
5.00	
5.30	
6.00	
6.30	
7.00	
7.30	
8.00	
8.30	
9.00	
9.30	
10.00	
10.30	

Thursday

DATE:_____

TO-DO LIST

TODAY'S MENU

Breakfast	Lunch
Dinner	Snacks

TODAY'S SCHEDULE

Time	
6.00	
6.30	
7.00	
7.30	
8.00	
8.30	
9.00	
9.30	
10.00	
10.30	
11.00	
11.30	
12.00	
12.30	
1.00	
1.30	
2.00	
2.30	
3.00	
3.30	
4.00	
4.30	
5.00	
5.30	
6.00	
6.30	
7.00	
7.30	
8.00	
8.30	
9.00	
9.30	
10.00	
10.30	

Friday

DATE:_____

TO-DO LIST

TODAY'S MENU

Breakfast	Lunch
Dinner	Snacks

TODAY'S SCHEDULE

Time	
6.00	
6.30	
7.00	
7.30	
8.00	
8.30	
9.00	
9.30	
10.00	
10.30	
11.00	
11.30	
12.00	
12.30	
1.00	
1.30	
2.00	
2.30	
3.00	
3.30	
4.00	
4.30	
5.00	
5.30	
6.00	
6.30	
7.00	
7.30	
8.00	
8.30	
9.00	
9.30	
10.00	
10.30	

Saturday

DATE:_____

TO-DO LIST

TODAY'S SCHEDULE	
6.00	
6.30	
7.00	
7.30	
8.00	
8.30	
9.00	
9.30	
10.00	
10.30	
11.00	
11.30	
12.00	
12.30	
1.00	
1.30	
2.00	
2.30	
3.00	
3.30	
4.00	
4.30	
5.00	
5.30	
6.00	
6.30	
7.00	
7.30	
8.00	
8.30	
9.00	
9.30	
10.00	
10.30	

TODAY'S MENU	
Breakfast	Lunch
Dinner	Snacks

Sunday

DATE:_____

TO-DO LIST

TODAY'S MENU

Breakfast	Lunch
Dinner	Snacks

TODAY'S SCHEDULE

Time	
6.00	
6.30	
7.00	
7.30	
8.00	
8.30	
9.00	
9.30	
10.00	
10.30	
11.00	
11.30	
12.00	
12.30	
1.00	
1.30	
2.00	
2.30	
3.00	
3.30	
4.00	
4.30	
5.00	
5.30	
6.00	
6.30	
7.00	
7.30	
8.00	
8.30	
9.00	
9.30	
10.00	
10.30	

Monday

DATE:_____

TO-DO LIST

TODAY'S MENU

Breakfast	Lunch
Dinner	Snacks

TODAY'S SCHEDULE

Time	
6.00	
6.30	
7.00	
7.30	
8.00	
8.30	
9.00	
9.30	
10.00	
10.30	
11.00	
11.30	
12.00	
12.30	
1.00	
1.30	
2.00	
2.30	
3.00	
3.30	
4.00	
4.30	
5.00	
5.30	
6.00	
6.30	
7.00	
7.30	
8.00	
8.30	
9.00	
9.30	
10.00	
10.30	

Tuesday

DATE:_____

TO-DO LIST

TODAY'S MENU

Breakfast	Lunch
Dinner	Snacks

TODAY'S SCHEDULE

Time	
6.00	
6.30	
7.00	
7.30	
8.00	
8.30	
9.00	
9.30	
10.00	
10.30	
11.00	
11.30	
12.00	
12.30	
1.00	
1.30	
2.00	
2.30	
3.00	
3.30	
4.00	
4.30	
5.00	
5.30	
6.00	
6.30	
7.00	
7.30	
8.00	
8.30	
9.00	
9.30	
10.00	
10.30	

Wednesday

DATE:_____

TO-DO LIST

TODAY'S MENU

Breakfast	Lunch
Dinner	Snacks

TODAY'S SCHEDULE

Time	
6.00	
6.30	
7.00	
7.30	
8.00	
8.30	
9.00	
9.30	
10.00	
10.30	
11.00	
11.30	
12.00	
12.30	
1.00	
1.30	
2.00	
2.30	
3.00	
3.30	
4.00	
4.30	
5.00	
5.30	
6.00	
6.30	
7.00	
7.30	
8.00	
8.30	
9.00	
9.30	
10.00	
10.30	

Thursday

DATE:_____

TO-DO LIST

TODAY'S SCHEDULE

Time	
6.00	
6.30	
7.00	
7.30	
8.00	
8.30	
9.00	
9.30	
10.00	
10.30	
11.00	
11.30	
12.00	
12.30	
1.00	
1.30	
2.00	
2.30	
3.00	
3.30	
4.00	
4.30	
5.00	
5.30	
6.00	
6.30	
7.00	
7.30	
8.00	
8.30	
9.00	
9.30	
10.00	
10.30	

TODAY'S MENU

Breakfast	Lunch
Dinner	Snacks

Friday

DATE:_____

TO-DO LIST

TODAY'S MENU

Breakfast	Lunch
Dinner	Snacks

TODAY'S SCHEDULE

Time	
6.00	
6.30	
7.00	
7.30	
8.00	
8.30	
9.00	
9.30	
10.00	
10.30	
11.00	
11.30	
12.00	
12.30	
1.00	
1.30	
2.00	
2.30	
3.00	
3.30	
4.00	
4.30	
5.00	
5.30	
6.00	
6.30	
7.00	
7.30	
8.00	
8.30	
9.00	
9.30	
10.00	
10.30	

Saturday

DATE:_____

TO-DO LIST

TODAY'S MENU

Breakfast	Lunch
Dinner	Snacks

TODAY'S SCHEDULE

Time	
6.00	
6.30	
7.00	
7.30	
8.00	
8.30	
9.00	
9.30	
10.00	
10.30	
11.00	
11.30	
12.00	
12.30	
1.00	
1.30	
2.00	
2.30	
3.00	
3.30	
4.00	
4.30	
5.00	
5.30	
6.00	
6.30	
7.00	
7.30	
8.00	
8.30	
9.00	
9.30	
10.00	
10.30	

Sunday

DATE:_____

TO-DO LIST

TODAY'S MENU

Breakfast	Lunch
Dinner	Snacks

TODAY'S SCHEDULE

Time	
6.00	
6.30	
7.00	
7.30	
8.00	
8.30	
9.00	
9.30	
10.00	
10.30	
11.00	
11.30	
12.00	
12.30	
1.00	
1.30	
2.00	
2.30	
3.00	
3.30	
4.00	
4.30	
5.00	
5.30	
6.00	
6.30	
7.00	
7.30	
8.00	
8.30	
9.00	
9.30	
10.00	
10.30	

Monday

DATE:_____

TO-DO LIST

TODAY'S MENU

Breakfast	Lunch
Dinner	Snacks

TODAY'S SCHEDULE

Time	
6.00	
6.30	
7.00	
7.30	
8.00	
8.30	
9.00	
9.30	
10.00	
10.30	
11.00	
11.30	
12.00	
12.30	
1.00	
1.30	
2.00	
2.30	
3.00	
3.30	
4.00	
4.30	
5.00	
5.30	
6.00	
6.30	
7.00	
7.30	
8.00	
8.30	
9.00	
9.30	
10.00	
10.30	

Tuesday

DATE:_____

TO-DO LIST

TODAY'S MENU

Breakfast	Lunch
Dinner	Snacks

TODAY'S SCHEDULE

Time	
6.00	
6.30	
7.00	
7.30	
8.00	
8.30	
9.00	
9.30	
10.00	
10.30	
11.00	
11.30	
12.00	
12.30	
1.00	
1.30	
2.00	
2.30	
3.00	
3.30	
4.00	
4.30	
5.00	
5.30	
6.00	
6.30	
7.00	
7.30	
8.00	
8.30	
9.00	
9.30	
10.00	
10.30	

Wednesday

DATE:_____

TO-DO LIST

TODAY'S SCHEDULE

Time	
6.00	
6.30	
7.00	
7.30	
8.00	
8.30	
9.00	
9.30	
10.00	
10.30	
11.00	
11.30	
12.00	
12.30	
1.00	
1.30	
2.00	
2.30	
3.00	
3.30	
4.00	
4.30	
5.00	
5.30	
6.00	
6.30	
7.00	
7.30	
8.00	
8.30	
9.00	
9.30	
10.00	
10.30	

TODAY'S MENU

Breakfast	Lunch
Dinner	Snacks

Thursday

DATE:_____

TO-DO LIST

TODAY'S SCHEDULE

Time	
6.00	
6.30	
7.00	
7.30	
8.00	
8.30	
9.00	
9.30	
10.00	
10.30	
11.00	
11.30	
12.00	
12.30	
1.00	
1.30	
2.00	
2.30	
3.00	
3.30	
4.00	
4.30	
5.00	
5.30	
6.00	
6.30	
7.00	
7.30	
8.00	
8.30	
9.00	
9.30	
10.00	
10.30	

TODAY'S MENU

Breakfast	Lunch
Dinner	Snacks

Friday

DATE:_____

TO-DO LIST

TODAY'S MENU

Breakfast	Lunch
Dinner	Snacks

TODAY'S SCHEDULE

Time	
6.00	
6.30	
7.00	
7.30	
8.00	
8.30	
9.00	
9.30	
10.00	
10.30	
11.00	
11.30	
12.00	
12.30	
1.00	
1.30	
2.00	
2.30	
3.00	
3.30	
4.00	
4.30	
5.00	
5.30	
6.00	
6.30	
7.00	
7.30	
8.00	
8.30	
9.00	
9.30	
10.00	
10.30	

DATE:_____

TO-DO LIST

TODAY'S MENU	
Breakfast	Lunch
Dinner	Snacks

	TODAY'S SCHEDULE
6.00	
6.30	
7.00	
7.30	
8.00	
8.30	
9.00	
9.30	
10.00	
10.30	
11.00	
11.30	
12.00	
12.30	
1.00	
1.30	
2.00	
2.30	
3.00	
3.30	
4.00	
4.30	
5.00	
5.30	
6.00	
6.30	
7.00	
7.30	
8.00	
8.30	
9.00	
9.30	
10.00	
10.30	

DATE:_____

TO-DO LIST

TODAY'S SCHEDULE	
6.00	
6.30	
7.00	
7.30	
8.00	
8.30	
9.00	
9.30	
10.00	
10.30	
11.00	
11.30	
12.00	
12.30	
1.00	
1.30	
2.00	
2.30	
3.00	
3.30	
4.00	
4.30	
5.00	
5.30	
6.00	
6.30	
7.00	
7.30	
8.00	
8.30	
9.00	
9.30	
10.00	
10.30	

TODAY'S MENU	
Breakfast	Lunch
Dinner	Snacks

Monday

DATE:_____

TO-DO LIST

TODAY'S SCHEDULE

Time	
6.00	
6.30	
7.00	
7.30	
8.00	
8.30	
9.00	
9.30	
10.00	
10.30	
11.00	
11.30	
12.00	
12.30	
1.00	
1.30	
2.00	
2.30	
3.00	
3.30	
4.00	
4.30	
5.00	
5.30	
6.00	
6.30	
7.00	
7.30	
8.00	
8.30	
9.00	
9.30	
10.00	
10.30	

TODAY'S MENU

Breakfast	Lunch
Dinner	Snacks

Tuesday

DATE:_____

TO-DO LIST

TODAY'S SCHEDULE

Time	
6.00	
6.30	
7.00	
7.30	
8.00	
8.30	
9.00	
9.30	
10.00	
10.30	
11.00	
11.30	
12.00	
12.30	
1.00	
1.30	
2.00	
2.30	
3.00	
3.30	
4.00	
4.30	
5.00	
5.30	
6.00	
6.30	
7.00	
7.30	
8.00	
8.30	
9.00	
9.30	
10.00	
10.30	

TODAY'S MENU

Breakfast	Lunch
Dinner	Snacks

Wednesday

DATE:_____

TO-DO LIST

TODAY'S SCHEDULE

Time	
6.00	
6.30	
7.00	
7.30	
8.00	
8.30	
9.00	
9.30	
10.00	
10.30	
11.00	
11.30	
12.00	
12.30	
1.00	
1.30	
2.00	
2.30	
3.00	
3.30	
4.00	
4.30	
5.00	
5.30	
6.00	
6.30	
7.00	
7.30	
8.00	
8.30	
9.00	
9.30	
10.00	
10.30	

TODAY'S MENU

Breakfast	Lunch
Dinner	Snacks

Thursday

DATE:_____

TO-DO LIST

TODAY'S MENU

Breakfast	Lunch
Dinner	Snacks

TODAY'S SCHEDULE

Time	
6.00	
6.30	
7.00	
7.30	
8.00	
8.30	
9.00	
9.30	
10.00	
10.30	
11.00	
11.30	
12.00	
12.30	
1.00	
1.30	
2.00	
2.30	
3.00	
3.30	
4.00	
4.30	
5.00	
5.30	
6.00	
6.30	
7.00	
7.30	
8.00	
8.30	
9.00	
9.30	
10.00	
10.30	

Friday

DATE:_____

TO-DO LIST

TODAY'S SCHEDULE

Time	
6.00	
6.30	
7.00	
7.30	
8.00	
8.30	
9.00	
9.30	
10.00	
10.30	
11.00	
11.30	
12.00	
12.30	
1.00	
1.30	
2.00	
2.30	
3.00	
3.30	
4.00	
4.30	
5.00	
5.30	
6.00	
6.30	
7.00	
7.30	
8.00	
8.30	
9.00	
9.30	
10.00	
10.30	

TODAY'S MENU

Breakfast	Lunch
Dinner	Snacks

Saturday

DATE:_____

TO-DO LIST

TODAY'S SCHEDULE

Time	
6.00	
6.30	
7.00	
7.30	
8.00	
8.30	
9.00	
9.30	
10.00	
10.30	
11.00	
11.30	
12.00	
12.30	
1.00	
1.30	
2.00	
2.30	
3.00	
3.30	
4.00	
4.30	
5.00	
5.30	
6.00	
6.30	
7.00	
7.30	
8.00	
8.30	
9.00	
9.30	
10.00	
10.30	

TODAY'S MENU

Breakfast	Lunch
Dinner	Snacks

Sunday

DATE:_____

TO-DO LIST

TODAY'S MENU

Breakfast	Lunch
Dinner	Snacks

TODAY'S SCHEDULE

6.00	
6.30	
7.00	
7.30	
8.00	
8.30	
9.00	
9.30	
10.00	
10.30	
11.00	
11.30	
12.00	
12.30	
1.00	
1.30	
2.00	
2.30	
3.00	
3.30	
4.00	
4.30	
5.00	
5.30	
6.00	
6.30	
7.00	
7.30	
8.00	
8.30	
9.00	
9.30	
10.00	
10.30	

Monday

DATE:_____

TO-DO LIST

TODAY'S MENU	
Breakfast	Lunch
Dinner	Snacks

TODAY'S SCHEDULE	
6.00	
6.30	
7.00	
7.30	
8.00	
8.30	
9.00	
9.30	
10.00	
10.30	
11.00	
11.30	
12.00	
12.30	
1.00	
1.30	
2.00	
2.30	
3.00	
3.30	
4.00	
4.30	
5.00	
5.30	
6.00	
6.30	
7.00	
7.30	
8.00	
8.30	
9.00	
9.30	
10.00	
10.30	

Tuesday

DATE:_____

TO-DO LIST

TODAY'S MENU

Breakfast	Lunch
Dinner	Snacks

TODAY'S SCHEDULE

Time	
6.00	
6.30	
7.00	
7.30	
8.00	
8.30	
9.00	
9.30	
10.00	
10.30	
11.00	
11.30	
12.00	
12.30	
1.00	
1.30	
2.00	
2.30	
3.00	
3.30	
4.00	
4.30	
5.00	
5.30	
6.00	
6.30	
7.00	
7.30	
8.00	
8.30	
9.00	
9.30	
10.00	
10.30	

Wednesday

DATE:_____

TO-DO LIST

TODAY'S SCHEDULE	
6.00	
6.30	
7.00	
7.30	
8.00	
8.30	
9.00	
9.30	
10.00	
10.30	
11.00	
11.30	
12.00	
12.30	
1.00	
1.30	
2.00	
2.30	
3.00	
3.30	
4.00	
4.30	
5.00	
5.30	
6.00	
6.30	
7.00	
7.30	
8.00	
8.30	
9.00	
9.30	
10.00	
10.30	

TODAY'S MENU

Breakfast	Lunch
Dinner	Snacks

Thursday

DATE:_____

TO-DO LIST

TODAY'S MENU

Breakfast	Lunch
Dinner	Snacks

TODAY'S SCHEDULE

Time	
6.00	
6.30	
7.00	
7.30	
8.00	
8.30	
9.00	
9.30	
10.00	
10.30	
11.00	
11.30	
12.00	
12.30	
1.00	
1.30	
2.00	
2.30	
3.00	
3.30	
4.00	
4.30	
5.00	
5.30	
6.00	
6.30	
7.00	
7.30	
8.00	
8.30	
9.00	
9.30	
10.00	
10.30	

Friday

DATE:_____

TO-DO LIST

TODAY'S MENU

Breakfast	Lunch
Dinner	Snacks

TODAY'S SCHEDULE

Time	
6.00	
6.30	
7.00	
7.30	
8.00	
8.30	
9.00	
9.30	
10.00	
10.30	
11.00	
11.30	
12.00	
12.30	
1.00	
1.30	
2.00	
2.30	
3.00	
3.30	
4.00	
4.30	
5.00	
5.30	
6.00	
6.30	
7.00	
7.30	
8.00	
8.30	
9.00	
9.30	
10.00	
10.30	

Saturday

DATE:_____

TO-DO LIST

TODAY'S MENU

Breakfast	Lunch
Dinner	Snacks

TODAY'S SCHEDULE

Time	
6.00	
6.30	
7.00	
7.30	
8.00	
8.30	
9.00	
9.30	
10.00	
10.30	
11.00	
11.30	
12.00	
12.30	
1.00	
1.30	
2.00	
2.30	
3.00	
3.30	
4.00	
4.30	
5.00	
5.30	
6.00	
6.30	
7.00	
7.30	
8.00	
8.30	
9.00	
9.30	
10.00	
10.30	

Sunday

DATE:_____

TO-DO LIST

TODAY'S MENU

Breakfast	Lunch
Dinner	Snacks

TODAY'S SCHEDULE	
6.00	
6.30	
7.00	
7.30	
8.00	
8.30	
9.00	
9.30	
10.00	
10.30	
11.00	
11.30	
12.00	
12.30	
1.00	
1.30	
2.00	
2.30	
3.00	
3.30	
4.00	
4.30	
5.00	
5.30	
6.00	
6.30	
7.00	
7.30	
8.00	
8.30	
9.00	
9.30	
10.00	
10.30	

Monday

DATE:_____

TO-DO LIST

TODAY'S MENU

Breakfast	Lunch
Dinner	Snacks

TODAY'S SCHEDULE

Time	
6.00	
6.30	
7.00	
7.30	
8.00	
8.30	
9.00	
9.30	
10.00	
10.30	
11.00	
11.30	
12.00	
12.30	
1.00	
1.30	
2.00	
2.30	
3.00	
3.30	
4.00	
4.30	
5.00	
5.30	
6.00	
6.30	
7.00	
7.30	
8.00	
8.30	
9.00	
9.30	
10.00	
10.30	

Tuesday

DATE:_____

TO-DO LIST

TODAY'S MENU	
Breakfast	Lunch
Dinner	Snacks

TODAY'S SCHEDULE	
6.00	
6.30	
7.00	
7.30	
8.00	
8.30	
9.00	
9.30	
10.00	
10.30	
11.00	
11.30	
12.00	
12.30	
1.00	
1.30	
2.00	
2.30	
3.00	
3.30	
4.00	
4.30	
5.00	
5.30	
6.00	
6.30	
7.00	
7.30	
8.00	
8.30	
9.00	
9.30	
10.00	
10.30	

Wednesday

DATE:_____

TO-DO LIST

TODAY'S MENU

Breakfast	Lunch
Dinner	Snacks

TODAY'S SCHEDULE

Time	
6.00	
6.30	
7.00	
7.30	
8.00	
8.30	
9.00	
9.30	
10.00	
10.30	
11.00	
11.30	
12.00	
12.30	
1.00	
1.30	
2.00	
2.30	
3.00	
3.30	
4.00	
4.30	
5.00	
5.30	
6.00	
6.30	
7.00	
7.30	
8.00	
8.30	
9.00	
9.30	
10.00	
10.30	

Thursday

DATE:_____

TO-DO LIST

TODAY'S SCHEDULE

Time	
6.00	
6.30	
7.00	
7.30	
8.00	
8.30	
9.00	
9.30	
10.00	
10.30	
11.00	
11.30	
12.00	
12.30	
1.00	
1.30	
2.00	
2.30	
3.00	
3.30	
4.00	
4.30	
5.00	
5.30	
6.00	
6.30	
7.00	
7.30	
8.00	
8.30	
9.00	
9.30	
10.00	
10.30	

TODAY'S MENU

Breakfast	Lunch
Dinner	Snacks

Friday

DATE:_____

TO-DO LIST

TODAY'S MENU

Breakfast	Lunch
Dinner	Snacks

TODAY'S SCHEDULE	
6.00	
6.30	
7.00	
7.30	
8.00	
8.30	
9.00	
9.30	
10.00	
10.30	
11.00	
11.30	
12.00	
12.30	
1.00	
1.30	
2.00	
2.30	
3.00	
3.30	
4.00	
4.30	
5.00	
5.30	
6.00	
6.30	
7.00	
7.30	
8.00	
8.30	
9.00	
9.30	
10.00	
10.30	

Saturday

DATE:_____

TO-DO LIST

TODAY'S MENU

Breakfast	Lunch
Dinner	Snacks

TODAY'S SCHEDULE

Time	
6.00	
6.30	
7.00	
7.30	
8.00	
8.30	
9.00	
9.30	
10.00	
10.30	
11.00	
11.30	
12.00	
12.30	
1.00	
1.30	
2.00	
2.30	
3.00	
3.30	
4.00	
4.30	
5.00	
5.30	
6.00	
6.30	
7.00	
7.30	
8.00	
8.30	
9.00	
9.30	
10.00	
10.30	

Sunday

DATE:_____

TO-DO LIST

TODAY'S SCHEDULE

Time	
6.00	
6.30	
7.00	
7.30	
8.00	
8.30	
9.00	
9.30	
10.00	
10.30	
11.00	
11.30	
12.00	
12.30	
1.00	
1.30	
2.00	
2.30	
3.00	
3.30	
4.00	
4.30	
5.00	
5.30	
6.00	
6.30	
7.00	
7.30	
8.00	
8.30	
9.00	
9.30	
10.00	
10.30	

TODAY'S MENU

Breakfast	Lunch
Dinner	Snacks

Monday

DATE:_____

TO-DO LIST

TODAY'S MENU

Breakfast	Lunch
Dinner	Snacks

TODAY'S SCHEDULE

Time	
6.00	
6.30	
7.00	
7.30	
8.00	
8.30	
9.00	
9.30	
10.00	
10.30	
11.00	
11.30	
12.00	
12.30	
1.00	
1.30	
2.00	
2.30	
3.00	
3.30	
4.00	
4.30	
5.00	
5.30	
6.00	
6.30	
7.00	
7.30	
8.00	
8.30	
9.00	
9.30	
10.00	
10.30	

Tuesday

DATE:_____

TO-DO LIST

TODAY'S SCHEDULE

Time	
6.00	
6.30	
7.00	
7.30	
8.00	
8.30	
9.00	
9.30	
10.00	
10.30	
11.00	
11.30	
12.00	
12.30	
1.00	
1.30	
2.00	
2.30	
3.00	
3.30	
4.00	
4.30	
5.00	
5.30	
6.00	
6.30	
7.00	
7.30	
8.00	
8.30	
9.00	
9.30	
10.00	
10.30	

TODAY'S MENU

Breakfast	Lunch
Dinner	Snacks

Wednesday

DATE:_____

TO-DO LIST

TODAY'S SCHEDULE

Time	
6.00	
6.30	
7.00	
7.30	
8.00	
8.30	
9.00	
9.30	
10.00	
10.30	
11.00	
11.30	
12.00	
12.30	
1.00	
1.30	
2.00	
2.30	
3.00	
3.30	
4.00	
4.30	
5.00	
5.30	
6.00	
6.30	
7.00	
7.30	
8.00	
8.30	
9.00	
9.30	
10.00	
10.30	

TODAY'S MENU

Breakfast	Lunch
Dinner	Snacks

Thursday

DATE:_____

TO-DO LIST

TODAY'S MENU

Breakfast	Lunch
Dinner	Snacks

TODAY'S SCHEDULE

Time	
6.00	
6.30	
7.00	
7.30	
8.00	
8.30	
9.00	
9.30	
10.00	
10.30	
11.00	
11.30	
12.00	
12.30	
1.00	
1.30	
2.00	
2.30	
3.00	
3.30	
4.00	
4.30	
5.00	
5.30	
6.00	
6.30	
7.00	
7.30	
8.00	
8.30	
9.00	
9.30	
10.00	
10.30	

Friday

DATE:_____

TO-DO LIST

TODAY'S SCHEDULE

Time	
6.00	
6.30	
7.00	
7.30	
8.00	
8.30	
9.00	
9.30	
10.00	
10.30	
11.00	
11.30	
12.00	
12.30	
1.00	
1.30	
2.00	
2.30	
3.00	
3.30	
4.00	
4.30	
5.00	
5.30	
6.00	
6.30	
7.00	
7.30	
8.00	
8.30	
9.00	
9.30	
10.00	
10.30	

TODAY'S MENU

Breakfast	Lunch
Dinner	Snacks

Saturday

DATE:_____

TO-DO LIST

TODAY'S MENU

Breakfast	Lunch
Dinner	Snacks

TODAY'S SCHEDULE

Time	
6.00	
6.30	
7.00	
7.30	
8.00	
8.30	
9.00	
9.30	
10.00	
10.30	
11.00	
11.30	
12.00	
12.30	
1.00	
1.30	
2.00	
2.30	
3.00	
3.30	
4.00	
4.30	
5.00	
5.30	
6.00	
6.30	
7.00	
7.30	
8.00	
8.30	
9.00	
9.30	
10.00	
10.30	

Sunday

DATE:_____

TO-DO LIST

TODAY'S SCHEDULE

Time	
6.00	
6.30	
7.00	
7.30	
8.00	
8.30	
9.00	
9.30	
10.00	
10.30	
11.00	
11.30	
12.00	
12.30	
1.00	
1.30	
2.00	
2.30	
3.00	
3.30	
4.00	
4.30	
5.00	
5.30	
6.00	
6.30	
7.00	
7.30	
8.00	
8.30	
9.00	
9.30	
10.00	
10.30	

TODAY'S MENU

Breakfast	Lunch
Dinner	Snacks

Monday

DATE:_____

TO-DO LIST

TODAY'S MENU

Breakfast	Lunch
Dinner	Snacks

TODAY'S SCHEDULE

6.00	
6.30	
7.00	
7.30	
8.00	
8.30	
9.00	
9.30	
10.00	
10.30	
11.00	
11.30	
12.00	
12.30	
1.00	
1.30	
2.00	
2.30	
3.00	
3.30	
4.00	
4.30	
5.00	
5.30	
6.00	
6.30	
7.00	
7.30	
8.00	
8.30	
9.00	
9.30	
10.00	
10.30	

Tuesday

DATE:_____

TO-DO LIST

TODAY'S SCHEDULE

Time	
6.00	
6.30	
7.00	
7.30	
8.00	
8.30	
9.00	
9.30	
10.00	
10.30	
11.00	
11.30	
12.00	
12.30	
1.00	
1.30	
2.00	
2.30	
3.00	
3.30	
4.00	
4.30	
5.00	
5.30	
6.00	
6.30	
7.00	
7.30	
8.00	
8.30	
9.00	
9.30	
10.00	
10.30	

TODAY'S MENU

Breakfast	Lunch
Dinner	Snacks

Wednesday

DATE:_____

TO-DO LIST

TODAY'S MENU

Breakfast	Lunch
Dinner	Snacks

TODAY'S SCHEDULE

Time	
6.00	
6.30	
7.00	
7.30	
8.00	
8.30	
9.00	
9.30	
10.00	
10.30	
11.00	
11.30	
12.00	
12.30	
1.00	
1.30	
2.00	
2.30	
3.00	
3.30	
4.00	
4.30	
5.00	
5.30	
6.00	
6.30	
7.00	
7.30	
8.00	
8.30	
9.00	
9.30	
10.00	
10.30	

Thursday

DATE:_____

TO-DO LIST

TODAY'S SCHEDULE

Time	
6.00	
6.30	
7.00	
7.30	
8.00	
8.30	
9.00	
9.30	
10.00	
10.30	
11.00	
11.30	
12.00	
12.30	
1.00	
1.30	
2.00	
2.30	
3.00	
3.30	
4.00	
4.30	
5.00	
5.30	
6.00	
6.30	
7.00	
7.30	
8.00	
8.30	
9.00	
9.30	
10.00	
10.30	

TODAY'S MENU

Breakfast	Lunch
Dinner	Snacks

Friday

DATE:_____

TO-DO LIST

TODAY'S SCHEDULE

Time	
6.00	
6.30	
7.00	
7.30	
8.00	
8.30	
9.00	
9.30	
10.00	
10.30	
11.00	
11.30	
12.00	
12.30	
1.00	
1.30	
2.00	
2.30	
3.00	
3.30	
4.00	
4.30	
5.00	
5.30	
6.00	
6.30	
7.00	
7.30	
8.00	
8.30	
9.00	
9.30	
10.00	
10.30	

TODAY'S MENU

Breakfast	Lunch
Dinner	Snacks

Saturday

DATE:_____

TO-DO LIST

TODAY'S SCHEDULE

Time	
6.00	
6.30	
7.00	
7.30	
8.00	
8.30	
9.00	
9.30	
10.00	
10.30	
11.00	
11.30	
12.00	
12.30	
1.00	
1.30	
2.00	
2.30	
3.00	
3.30	
4.00	
4.30	
5.00	
5.30	
6.00	
6.30	
7.00	
7.30	
8.00	
8.30	
9.00	
9.30	
10.00	
10.30	

TODAY'S MENU

Breakfast	Lunch
Dinner	Snacks

DATE:_____

TO-DO LIST

TODAY'S MENU	
Breakfast	Lunch
Dinner	Snacks

TODAY'S SCHEDULE

Time	
6.00	
6.30	
7.00	
7.30	
8.00	
8.30	
9.00	
9.30	
10.00	
10.30	
11.00	
11.30	
12.00	
12.30	
1.00	
1.30	
2.00	
2.30	
3.00	
3.30	
4.00	
4.30	
5.00	
5.30	
6.00	
6.30	
7.00	
7.30	
8.00	
8.30	
9.00	
9.30	
10.00	
10.30	

Monday

DATE:_____

TO-DO LIST

TODAY'S MENU

Breakfast	Lunch
Dinner	Snacks

TODAY'S SCHEDULE

Time	
6.00	
6.30	
7.00	
7.30	
8.00	
8.30	
9.00	
9.30	
10.00	
10.30	
11.00	
11.30	
12.00	
12.30	
1.00	
1.30	
2.00	
2.30	
3.00	
3.30	
4.00	
4.30	
5.00	
5.30	
6.00	
6.30	
7.00	
7.30	
8.00	
8.30	
9.00	
9.30	
10.00	
10.30	

Tuesday

DATE:_____

TO-DO LIST

TODAY'S SCHEDULE

Time	
6.00	
6.30	
7.00	
7.30	
8.00	
8.30	
9.00	
9.30	
10.00	
10.30	
11.00	
11.30	
12.00	
12.30	
1.00	
1.30	
2.00	
2.30	
3.00	
3.30	
4.00	
4.30	
5.00	
5.30	
6.00	
6.30	
7.00	
7.30	
8.00	
8.30	
9.00	
9.30	
10.00	
10.30	

TODAY'S MENU

Breakfast	Lunch
Dinner	Snacks

Wednesday

DATE:_____

TO-DO LIST

TODAY'S SCHEDULE

Time	
6.00	
6.30	
7.00	
7.30	
8.00	
8.30	
9.00	
9.30	
10.00	
10.30	
11.00	
11.30	
12.00	
12.30	
1.00	
1.30	
2.00	
2.30	
3.00	
3.30	
4.00	
4.30	
5.00	
5.30	
6.00	
6.30	
7.00	
7.30	
8.00	
8.30	
9.00	
9.30	
10.00	
10.30	

TODAY'S MENU

Breakfast	Lunch
Dinner	Snacks

Thursday

DATE:_____

TO-DO LIST

TODAY'S MENU

Breakfast	Lunch
Dinner	Snacks

TODAY'S SCHEDULE

Time	
6.00	
6.30	
7.00	
7.30	
8.00	
8.30	
9.00	
9.30	
10.00	
10.30	
11.00	
11.30	
12.00	
12.30	
1.00	
1.30	
2.00	
2.30	
3.00	
3.30	
4.00	
4.30	
5.00	
5.30	
6.00	
6.30	
7.00	
7.30	
8.00	
8.30	
9.00	
9.30	
10.00	
10.30	

Friday

DATE:_____

TO-DO LIST

TODAY'S MENU	
Breakfast	Lunch
Dinner	Snacks

TODAY'S SCHEDULE	
6.00	
6.30	
7.00	
7.30	
8.00	
8.30	
9.00	
9.30	
10.00	
10.30	
11.00	
11.30	
12.00	
12.30	
1.00	
1.30	
2.00	
2.30	
3.00	
3.30	
4.00	
4.30	
5.00	
5.30	
6.00	
6.30	
7.00	
7.30	
8.00	
8.30	
9.00	
9.30	
10.00	
10.30	

Saturday

DATE:_____

TO-DO LIST

TODAY'S SCHEDULE

Time	
6.00	
6.30	
7.00	
7.30	
8.00	
8.30	
9.00	
9.30	
10.00	
10.30	
11.00	
11.30	
12.00	
12.30	
1.00	
1.30	
2.00	
2.30	
3.00	
3.30	
4.00	
4.30	
5.00	
5.30	
6.00	
6.30	
7.00	
7.30	
8.00	
8.30	
9.00	
9.30	
10.00	
10.30	

TODAY'S MENU

Breakfast	Lunch
Dinner	Snacks

Sunday

DATE:_____

TO-DO LIST

TODAY'S SCHEDULE

Time	
6.00	
6.30	
7.00	
7.30	
8.00	
8.30	
9.00	
9.30	
10.00	
10.30	
11.00	
11.30	
12.00	
12.30	
1.00	
1.30	
2.00	
2.30	
3.00	
3.30	
4.00	
4.30	
5.00	
5.30	
6.00	
6.30	
7.00	
7.30	
8.00	
8.30	
9.00	
9.30	
10.00	
10.30	

TODAY'S MENU

Breakfast	Lunch
Dinner	Snacks

Monday

DATE:_____

TO-DO LIST

TODAY'S MENU

Breakfast	Lunch
Dinner	Snacks

TODAY'S SCHEDULE

Time	
6.00	
6.30	
7.00	
7.30	
8.00	
8.30	
9.00	
9.30	
10.00	
10.30	
11.00	
11.30	
12.00	
12.30	
1.00	
1.30	
2.00	
2.30	
3.00	
3.30	
4.00	
4.30	
5.00	
5.30	
6.00	
6.30	
7.00	
7.30	
8.00	
8.30	
9.00	
9.30	
10.00	
10.30	

Tuesday

DATE:_____

TO-DO LIST

TODAY'S MENU

Breakfast	Lunch
Dinner	Snacks

TODAY'S SCHEDULE

Time	
6.00	
6.30	
7.00	
7.30	
8.00	
8.30	
9.00	
9.30	
10.00	
10.30	
11.00	
11.30	
12.00	
12.30	
1.00	
1.30	
2.00	
2.30	
3.00	
3.30	
4.00	
4.30	
5.00	
5.30	
6.00	
6.30	
7.00	
7.30	
8.00	
8.30	
9.00	
9.30	
10.00	
10.30	

Wednesday

DATE:_____

TO-DO LIST

TODAY'S MENU

Breakfast	Lunch
Dinner	Snacks

TODAY'S SCHEDULE

Time	
6.00	
6.30	
7.00	
7.30	
8.00	
8.30	
9.00	
9.30	
10.00	
10.30	
11.00	
11.30	
12.00	
12.30	
1.00	
1.30	
2.00	
2.30	
3.00	
3.30	
4.00	
4.30	
5.00	
5.30	
6.00	
6.30	
7.00	
7.30	
8.00	
8.30	
9.00	
9.30	
10.00	
10.30	

Thursday

DATE:_____

TO-DO LIST

TODAY'S SCHEDULE

Time	
6.00	
6.30	
7.00	
7.30	
8.00	
8.30	
9.00	
9.30	
10.00	
10.30	
11.00	
11.30	
12.00	
12.30	
1.00	
1.30	
2.00	
2.30	
3.00	
3.30	
4.00	
4.30	
5.00	
5.30	
6.00	
6.30	
7.00	
7.30	
8.00	
8.30	
9.00	
9.30	
10.00	
10.30	

TODAY'S MENU

Breakfast	Lunch
Dinner	Snacks

Friday

DATE:_____

TO-DO LIST

TODAY'S MENU

Breakfast	Lunch
Dinner	Snacks

TODAY'S SCHEDULE

Time	
6.00	
6.30	
7.00	
7.30	
8.00	
8.30	
9.00	
9.30	
10.00	
10.30	
11.00	
11.30	
12.00	
12.30	
1.00	
1.30	
2.00	
2.30	
3.00	
3.30	
4.00	
4.30	
5.00	
5.30	
6.00	
6.30	
7.00	
7.30	
8.00	
8.30	
9.00	
9.30	
10.00	
10.30	

Saturday

DATE:_____

TO-DO LIST

TODAY'S SCHEDULE	
6.00	
6.30	
7.00	
7.30	
8.00	
8.30	
9.00	
9.30	
10.00	
10.30	
11.00	
11.30	
12.00	
12.30	
1.00	
1.30	
2.00	
2.30	
3.00	
3.30	
4.00	
4.30	
5.00	
5.30	
6.00	
6.30	
7.00	
7.30	
8.00	
8.30	
9.00	
9.30	
10.00	
10.30	

TODAY'S MENU	
Breakfast	Lunch
Dinner	Snacks

Sunday

DATE:_____

TO-DO LIST

TODAY'S SCHEDULE

Time	
6.00	
6.30	
7.00	
7.30	
8.00	
8.30	
9.00	
9.30	
10.00	
10.30	
11.00	
11.30	
12.00	
12.30	
1.00	
1.30	
2.00	
2.30	
3.00	
3.30	
4.00	
4.30	
5.00	
5.30	
6.00	
6.30	
7.00	
7.30	
8.00	
8.30	
9.00	
9.30	
10.00	
10.30	

TODAY'S MENU

Breakfast	Lunch
Dinner	Snacks

Monday

DATE:_____

TO-DO LIST

TODAY'S MENU

Breakfast	Lunch
Dinner	Snacks

TODAY'S SCHEDULE

Time	
6.00	
6.30	
7.00	
7.30	
8.00	
8.30	
9.00	
9.30	
10.00	
10.30	
11.00	
11.30	
12.00	
12.30	
1.00	
1.30	
2.00	
2.30	
3.00	
3.30	
4.00	
4.30	
5.00	
5.30	
6.00	
6.30	
7.00	
7.30	
8.00	
8.30	
9.00	
9.30	
10.00	
10.30	

Tuesday

DATE:_____

TO-DO LIST

TODAY'S MENU

Breakfast	Lunch
Dinner	Snacks

TODAY'S SCHEDULE

Time	
6.00	
6.30	
7.00	
7.30	
8.00	
8.30	
9.00	
9.30	
10.00	
10.30	
11.00	
11.30	
12.00	
12.30	
1.00	
1.30	
2.00	
2.30	
3.00	
3.30	
4.00	
4.30	
5.00	
5.30	
6.00	
6.30	
7.00	
7.30	
8.00	
8.30	
9.00	
9.30	
10.00	
10.30	

Wednesday

DATE:_____

TO-DO LIST

TODAY'S MENU

Breakfast	Lunch
Dinner	Snacks

TODAY'S SCHEDULE

Time	
6.00	
6.30	
7.00	
7.30	
8.00	
8.30	
9.00	
9.30	
10.00	
10.30	
11.00	
11.30	
12.00	
12.30	
1.00	
1.30	
2.00	
2.30	
3.00	
3.30	
4.00	
4.30	
5.00	
5.30	
6.00	
6.30	
7.00	
7.30	
8.00	
8.30	
9.00	
9.30	
10.00	
10.30	

Thursday

DATE:_____

TO-DO LIST

TODAY'S MENU

Breakfast	Lunch
Dinner	Snacks

TODAY'S SCHEDULE

Time	
6.00	
6.30	
7.00	
7.30	
8.00	
8.30	
9.00	
9.30	
10.00	
10.30	
11.00	
11.30	
12.00	
12.30	
1.00	
1.30	
2.00	
2.30	
3.00	
3.30	
4.00	
4.30	
5.00	
5.30	
6.00	
6.30	
7.00	
7.30	
8.00	
8.30	
9.00	
9.30	
10.00	
10.30	

Friday

DATE:_____

TO-DO LIST

TODAY'S MENU

Breakfast	Lunch
Dinner	Snacks

TODAY'S SCHEDULE

Time	
6.00	
6.30	
7.00	
7.30	
8.00	
8.30	
9.00	
9.30	
10.00	
10.30	
11.00	
11.30	
12.00	
12.30	
1.00	
1.30	
2.00	
2.30	
3.00	
3.30	
4.00	
4.30	
5.00	
5.30	
6.00	
6.30	
7.00	
7.30	
8.00	
8.30	
9.00	
9.30	
10.00	
10.30	

Saturday

DATE:_____

TO-DO LIST

TODAY'S MENU	
Breakfast	Lunch
Dinner	Snacks

TODAY'S SCHEDULE	
6.00	
6.30	
7.00	
7.30	
8.00	
8.30	
9.00	
9.30	
10.00	
10.30	
11.00	
11.30	
12.00	
12.30	
1.00	
1.30	
2.00	
2.30	
3.00	
3.30	
4.00	
4.30	
5.00	
5.30	
6.00	
6.30	
7.00	
7.30	
8.00	
8.30	
9.00	
9.30	
10.00	
10.30	

Sunday

DATE:_____

TO-DO LIST

TODAY'S MENU

Breakfast	Lunch
Dinner	Snacks

TODAY'S SCHEDULE

Time	
6.00	
6.30	
7.00	
7.30	
8.00	
8.30	
9.00	
9.30	
10.00	
10.30	
11.00	
11.30	
12.00	
12.30	
1.00	
1.30	
2.00	
2.30	
3.00	
3.30	
4.00	
4.30	
5.00	
5.30	
6.00	
6.30	
7.00	
7.30	
8.00	
8.30	
9.00	
9.30	
10.00	
10.30	

Monday

DATE:_____

TO-DO LIST

TODAY'S SCHEDULE

Time	
6.00	
6.30	
7.00	
7.30	
8.00	
8.30	
9.00	
9.30	
10.00	
10.30	
11.00	
11.30	
12.00	
12.30	
1.00	
1.30	
2.00	
2.30	
3.00	
3.30	
4.00	
4.30	
5.00	
5.30	
6.00	
6.30	
7.00	
7.30	
8.00	
8.30	
9.00	
9.30	
10.00	
10.30	

TODAY'S MENU

Breakfast	Lunch
Dinner	Snacks

Tuesday

DATE:_____

TO-DO LIST

TODAY'S MENU

Breakfast	Lunch
Dinner	Snacks

TODAY'S SCHEDULE

Time	
6.00	
6.30	
7.00	
7.30	
8.00	
8.30	
9.00	
9.30	
10.00	
10.30	
11.00	
11.30	
12.00	
12.30	
1.00	
1.30	
2.00	
2.30	
3.00	
3.30	
4.00	
4.30	
5.00	
5.30	
6.00	
6.30	
7.00	
7.30	
8.00	
8.30	
9.00	
9.30	
10.00	
10.30	

Wednesday

DATE:_____

TO-DO LIST

TODAY'S MENU

Breakfast	Lunch
Dinner	Snacks

TODAY'S SCHEDULE

Time	
6.00	
6.30	
7.00	
7.30	
8.00	
8.30	
9.00	
9.30	
10.00	
10.30	
11.00	
11.30	
12.00	
12.30	
1.00	
1.30	
2.00	
2.30	
3.00	
3.30	
4.00	
4.30	
5.00	
5.30	
6.00	
6.30	
7.00	
7.30	
8.00	
8.30	
9.00	
9.30	
10.00	
10.30	

Thursday

DATE:_____

TO-DO LIST

TODAY'S MENU

Breakfast	Lunch
Dinner	Snacks

TODAY'S SCHEDULE

Time	
6.00	
6.30	
7.00	
7.30	
8.00	
8.30	
9.00	
9.30	
10.00	
10.30	
11.00	
11.30	
12.00	
12.30	
1.00	
1.30	
2.00	
2.30	
3.00	
3.30	
4.00	
4.30	
5.00	
5.30	
6.00	
6.30	
7.00	
7.30	
8.00	
8.30	
9.00	
9.30	
10.00	
10.30	

Friday

DATE:_____

TO-DO LIST

TODAY'S MENU

Breakfast	Lunch
Dinner	Snacks

TODAY'S SCHEDULE

Time	
6.00	
6.30	
7.00	
7.30	
8.00	
8.30	
9.00	
9.30	
10.00	
10.30	
11.00	
11.30	
12.00	
12.30	
1.00	
1.30	
2.00	
2.30	
3.00	
3.30	
4.00	
4.30	
5.00	
5.30	
6.00	
6.30	
7.00	
7.30	
8.00	
8.30	
9.00	
9.30	
10.00	
10.30	

Saturday

DATE:_____

TO-DO LIST

TODAY'S MENU

Breakfast	Lunch
Dinner	Snacks

TODAY'S SCHEDULE

Time	
6.00	
6.30	
7.00	
7.30	
8.00	
8.30	
9.00	
9.30	
10.00	
10.30	
11.00	
11.30	
12.00	
12.30	
1.00	
1.30	
2.00	
2.30	
3.00	
3.30	
4.00	
4.30	
5.00	
5.30	
6.00	
6.30	
7.00	
7.30	
8.00	
8.30	
9.00	
9.30	
10.00	
10.30	

Sunday

DATE:_____

TO-DO LIST

TODAY'S MENU

Breakfast	Lunch
Dinner	Snacks

TODAY'S SCHEDULE

Time	
6.00	
6.30	
7.00	
7.30	
8.00	
8.30	
9.00	
9.30	
10.00	
10.30	
11.00	
11.30	
12.00	
12.30	
1.00	
1.30	
2.00	
2.30	
3.00	
3.30	
4.00	
4.30	
5.00	
5.30	
6.00	
6.30	
7.00	
7.30	
8.00	
8.30	
9.00	
9.30	
10.00	
10.30	

Monday

DATE:_____

TO-DO LIST

TODAY'S SCHEDULE

Time	
6.00	
6.30	
7.00	
7.30	
8.00	
8.30	
9.00	
9.30	
10.00	
10.30	
11.00	
11.30	
12.00	
12.30	
1.00	
1.30	
2.00	
2.30	
3.00	
3.30	
4.00	
4.30	
5.00	
5.30	
6.00	
6.30	
7.00	
7.30	
8.00	
8.30	
9.00	
9.30	
10.00	
10.30	

TODAY'S MENU

Breakfast	Lunch
Dinner	Snacks

Tuesday

DATE:_____

TO-DO LIST

TODAY'S SCHEDULE

Time	
6.00	
6.30	
7.00	
7.30	
8.00	
8.30	
9.00	
9.30	
10.00	
10.30	
11.00	
11.30	
12.00	
12.30	
1.00	
1.30	
2.00	
2.30	
3.00	
3.30	
4.00	
4.30	
5.00	
5.30	
6.00	
6.30	
7.00	
7.30	
8.00	
8.30	
9.00	
9.30	
10.00	
10.30	

TODAY'S MENU

Breakfast	Lunch
Dinner	Snacks

Wednesday

DATE:_____

TO-DO LIST

TODAY'S MENU

Breakfast	Lunch
Dinner	Snacks

TODAY'S SCHEDULE

Time	
6.00	
6.30	
7.00	
7.30	
8.00	
8.30	
9.00	
9.30	
10.00	
10.30	
11.00	
11.30	
12.00	
12.30	
1.00	
1.30	
2.00	
2.30	
3.00	
3.30	
4.00	
4.30	
5.00	
5.30	
6.00	
6.30	
7.00	
7.30	
8.00	
8.30	
9.00	
9.30	
10.00	
10.30	

Thursday

DATE:_____

TO-DO LIST

TODAY'S MENU

Breakfast	Lunch
Dinner	Snacks

TODAY'S SCHEDULE

Time	
6.00	
6.30	
7.00	
7.30	
8.00	
8.30	
9.00	
9.30	
10.00	
10.30	
11.00	
11.30	
12.00	
12.30	
1.00	
1.30	
2.00	
2.30	
3.00	
3.30	
4.00	
4.30	
5.00	
5.30	
6.00	
6.30	
7.00	
7.30	
8.00	
8.30	
9.00	
9.30	
10.00	
10.30	

Friday

DATE:_____

TO-DO LIST

TODAY'S MENU

Breakfast	Lunch
Dinner	Snacks

TODAY'S SCHEDULE

Time	
6.00	
6.30	
7.00	
7.30	
8.00	
8.30	
9.00	
9.30	
10.00	
10.30	
11.00	
11.30	
12.00	
12.30	
1.00	
1.30	
2.00	
2.30	
3.00	
3.30	
4.00	
4.30	
5.00	
5.30	
6.00	
6.30	
7.00	
7.30	
8.00	
8.30	
9.00	
9.30	
10.00	
10.30	

Saturday

DATE:_____

TO-DO LIST

TODAY'S MENU

Breakfast	Lunch
Dinner	Snacks

TODAY'S SCHEDULE

Time	
6.00	
6.30	
7.00	
7.30	
8.00	
8.30	
9.00	
9.30	
10.00	
10.30	
11.00	
11.30	
12.00	
12.30	
1.00	
1.30	
2.00	
2.30	
3.00	
3.30	
4.00	
4.30	
5.00	
5.30	
6.00	
6.30	
7.00	
7.30	
8.00	
8.30	
9.00	
9.30	
10.00	
10.30	

Sunday

DATE:_____

TO-DO LIST

TODAY'S MENU

Breakfast	Lunch
Dinner	Snacks

TODAY'S SCHEDULE

Time	
6.00	
6.30	
7.00	
7.30	
8.00	
8.30	
9.00	
9.30	
10.00	
10.30	
11.00	
11.30	
12.00	
12.30	
1.00	
1.30	
2.00	
2.30	
3.00	
3.30	
4.00	
4.30	
5.00	
5.30	
6.00	
6.30	
7.00	
7.30	
8.00	
8.30	
9.00	
9.30	
10.00	
10.30	

Monday

DATE:_____

TO-DO LIST

TODAY'S MENU

Breakfast	Lunch
Dinner	Snacks

TODAY'S SCHEDULE

Time	
6.00	
6.30	
7.00	
7.30	
8.00	
8.30	
9.00	
9.30	
10.00	
10.30	
11.00	
11.30	
12.00	
12.30	
1.00	
1.30	
2.00	
2.30	
3.00	
3.30	
4.00	
4.30	
5.00	
5.30	
6.00	
6.30	
7.00	
7.30	
8.00	
8.30	
9.00	
9.30	
10.00	
10.30	

Tuesday

DATE:_____

TO-DO LIST

TODAY'S SCHEDULE

Time	
6.00	
6.30	
7.00	
7.30	
8.00	
8.30	
9.00	
9.30	
10.00	
10.30	
11.00	
11.30	
12.00	
12.30	
1.00	
1.30	
2.00	
2.30	
3.00	
3.30	
4.00	
4.30	
5.00	
5.30	
6.00	
6.30	
7.00	
7.30	
8.00	
8.30	
9.00	
9.30	
10.00	
10.30	

TODAY'S MENU

Breakfast	Lunch
Dinner	Snacks

Wednesday

DATE:_____

TO-DO LIST

TODAY'S SCHEDULE

Time	
6.00	
6.30	
7.00	
7.30	
8.00	
8.30	
9.00	
9.30	
10.00	
10.30	
11.00	
11.30	
12.00	
12.30	
1.00	
1.30	
2.00	
2.30	
3.00	
3.30	
4.00	
4.30	
5.00	
5.30	
6.00	
6.30	
7.00	
7.30	
8.00	
8.30	
9.00	
9.30	
10.00	
10.30	

TODAY'S MENU

Breakfast	Lunch
Dinner	Snacks

Thursday

DATE:_____

TO-DO LIST

TODAY'S SCHEDULE

Time	
6.00	
6.30	
7.00	
7.30	
8.00	
8.30	
9.00	
9.30	
10.00	
10.30	
11.00	
11.30	
12.00	
12.30	
1.00	
1.30	
2.00	
2.30	
3.00	
3.30	
4.00	
4.30	
5.00	
5.30	
6.00	
6.30	
7.00	
7.30	
8.00	
8.30	
9.00	
9.30	
10.00	
10.30	

TODAY'S MENU

Breakfast	Lunch
Dinner	Snacks

Friday

DATE:_____

TO-DO LIST

TODAY'S MENU

Breakfast	Lunch
Dinner	Snacks

TODAY'S SCHEDULE

Time	
6.00	
6.30	
7.00	
7.30	
8.00	
8.30	
9.00	
9.30	
10.00	
10.30	
11.00	
11.30	
12.00	
12.30	
1.00	
1.30	
2.00	
2.30	
3.00	
3.30	
4.00	
4.30	
5.00	
5.30	
6.00	
6.30	
7.00	
7.30	
8.00	
8.30	
9.00	
9.30	
10.00	
10.30	

Saturday

DATE:_____

TO-DO LIST

TODAY'S SCHEDULE

Time	
6.00	
6.30	
7.00	
7.30	
8.00	
8.30	
9.00	
9.30	
10.00	
10.30	
11.00	
11.30	
12.00	
12.30	
1.00	
1.30	
2.00	
2.30	
3.00	
3.30	
4.00	
4.30	
5.00	
5.30	
6.00	
6.30	
7.00	
7.30	
8.00	
8.30	
9.00	
9.30	
10.00	
10.30	

TODAY'S MENU

Breakfast	Lunch
Dinner	Snacks

Sunday

DATE:_____

TO-DO LIST

TODAY'S MENU

Breakfast	Lunch
Dinner	Snacks

TODAY'S SCHEDULE

Time	
6.00	
6.30	
7.00	
7.30	
8.00	
8.30	
9.00	
9.30	
10.00	
10.30	
11.00	
11.30	
12.00	
12.30	
1.00	
1.30	
2.00	
2.30	
3.00	
3.30	
4.00	
4.30	
5.00	
5.30	
6.00	
6.30	
7.00	
7.30	
8.00	
8.30	
9.00	
9.30	
10.00	
10.30	

Monday

DATE:_____

TO-DO LIST

TODAY'S SCHEDULE

Time	
6.00	
6.30	
7.00	
7.30	
8.00	
8.30	
9.00	
9.30	
10.00	
10.30	
11.00	
11.30	
12.00	
12.30	
1.00	
1.30	
2.00	
2.30	
3.00	
3.30	
4.00	
4.30	
5.00	
5.30	
6.00	
6.30	
7.00	
7.30	
8.00	
8.30	
9.00	
9.30	
10.00	
10.30	

TODAY'S MENU

Breakfast	Lunch
Dinner	Snacks

Tuesday

DATE:_____

TO-DO LIST

TODAY'S MENU

Breakfast	Lunch
Dinner	Snacks

TODAY'S SCHEDULE

Time	
6.00	
6.30	
7.00	
7.30	
8.00	
8.30	
9.00	
9.30	
10.00	
10.30	
11.00	
11.30	
12.00	
12.30	
1.00	
1.30	
2.00	
2.30	
3.00	
3.30	
4.00	
4.30	
5.00	
5.30	
6.00	
6.30	
7.00	
7.30	
8.00	
8.30	
9.00	
9.30	
10.00	
10.30	

Wednesday

DATE:_____

TO-DO LIST

TODAY'S SCHEDULE

Time	
6.00	
6.30	
7.00	
7.30	
8.00	
8.30	
9.00	
9.30	
10.00	
10.30	
11.00	
11.30	
12.00	
12.30	
1.00	
1.30	
2.00	
2.30	
3.00	
3.30	
4.00	
4.30	
5.00	
5.30	
6.00	
6.30	
7.00	
7.30	
8.00	
8.30	
9.00	
9.30	
10.00	
10.30	

TODAY'S MENU

Breakfast	Lunch
Dinner	Snacks

Thursday

DATE:_____

TO-DO LIST

TODAY'S SCHEDULE

Time	
6.00	
6.30	
7.00	
7.30	
8.00	
8.30	
9.00	
9.30	
10.00	
10.30	
11.00	
11.30	
12.00	
12.30	
1.00	
1.30	
2.00	
2.30	
3.00	
3.30	
4.00	
4.30	
5.00	
5.30	
6.00	
6.30	
7.00	
7.30	
8.00	
8.30	
9.00	
9.30	
10.00	
10.30	

TODAY'S MENU

Breakfast	Lunch
Dinner	Snacks

Friday

DATE:_____

TO-DO LIST

TODAY'S MENU

Breakfast	Lunch
Dinner	Snacks

TODAY'S SCHEDULE	
6.00	
6.30	
7.00	
7.30	
8.00	
8.30	
9.00	
9.30	
10.00	
10.30	
11.00	
11.30	
12.00	
12.30	
1.00	
1.30	
2.00	
2.30	
3.00	
3.30	
4.00	
4.30	
5.00	
5.30	
6.00	
6.30	
7.00	
7.30	
8.00	
8.30	
9.00	
9.30	
10.00	
10.30	

DATE:_____

TO-DO LIST

TODAY'S MENU	
Breakfast	Lunch
Dinner	Snacks

TODAY'S SCHEDULE	
6.00	
6.30	
7.00	
7.30	
8.00	
8.30	
9.00	
9.30	
10.00	
10.30	
11.00	
11.30	
12.00	
12.30	
1.00	
1.30	
2.00	
2.30	
3.00	
3.30	
4.00	
4.30	
5.00	
5.30	
6.00	
6.30	
7.00	
7.30	
8.00	
8.30	
9.00	
9.30	
10.00	
10.30	

DATE:_____

TO-DO LIST

TODAY'S SCHEDULE	
6.00	
6.30	
7.00	
7.30	
8.00	
8.30	
9.00	
9.30	
10.00	
10.30	
11.00	
11.30	
12.00	
12.30	
1.00	
1.30	
2.00	
2.30	
3.00	
3.30	
4.00	
4.30	
5.00	
5.30	
6.00	
6.30	
7.00	
7.30	
8.00	
8.30	
9.00	
9.30	
10.00	
10.30	

TODAY'S MENU	
Breakfast	Lunch
Dinner	Snacks

Monday

DATE:_____

TO-DO LIST

TODAY'S SCHEDULE

Time	
6.00	
6.30	
7.00	
7.30	
8.00	
8.30	
9.00	
9.30	
10.00	
10.30	
11.00	
11.30	
12.00	
12.30	
1.00	
1.30	
2.00	
2.30	
3.00	
3.30	
4.00	
4.30	
5.00	
5.30	
6.00	
6.30	
7.00	
7.30	
8.00	
8.30	
9.00	
9.30	
10.00	
10.30	

TODAY'S MENU

Breakfast	Lunch
Dinner	Snacks

Tuesday

DATE:_____

TO-DO LIST

TODAY'S SCHEDULE

Time	
6.00	
6.30	
7.00	
7.30	
8.00	
8.30	
9.00	
9.30	
10.00	
10.30	
11.00	
11.30	
12.00	
12.30	
1.00	
1.30	
2.00	
2.30	
3.00	
3.30	
4.00	
4.30	
5.00	
5.30	
6.00	
6.30	
7.00	
7.30	
8.00	
8.30	
9.00	
9.30	
10.00	
10.30	

TODAY'S MENU

Breakfast	Lunch
Dinner	Snacks

Wednesday

DATE:_____

TO-DO LIST

TODAY'S SCHEDULE

Time	
6.00	
6.30	
7.00	
7.30	
8.00	
8.30	
9.00	
9.30	
10.00	
10.30	
11.00	
11.30	
12.00	
12.30	
1.00	
1.30	
2.00	
2.30	
3.00	
3.30	
4.00	
4.30	
5.00	
5.30	
6.00	
6.30	
7.00	
7.30	
8.00	
8.30	
9.00	
9.30	
10.00	
10.30	

TODAY'S MENU

Breakfast	Lunch
Dinner	Snacks

Thursday

DATE:_____

TO-DO LIST

TODAY'S MENU

Breakfast	Lunch
Dinner	Snacks

TODAY'S SCHEDULE

Time	
6.00	
6.30	
7.00	
7.30	
8.00	
8.30	
9.00	
9.30	
10.00	
10.30	
11.00	
11.30	
12.00	
12.30	
1.00	
1.30	
2.00	
2.30	
3.00	
3.30	
4.00	
4.30	
5.00	
5.30	
6.00	
6.30	
7.00	
7.30	
8.00	
8.30	
9.00	
9.30	
10.00	
10.30	

Friday

DATE:_____

TO-DO LIST

TODAY'S MENU

Breakfast	Lunch
Dinner	Snacks

TODAY'S SCHEDULE

Time	
6.00	
6.30	
7.00	
7.30	
8.00	
8.30	
9.00	
9.30	
10.00	
10.30	
11.00	
11.30	
12.00	
12.30	
1.00	
1.30	
2.00	
2.30	
3.00	
3.30	
4.00	
4.30	
5.00	
5.30	
6.00	
6.30	
7.00	
7.30	
8.00	
8.30	
9.00	
9.30	
10.00	
10.30	

Saturday

DATE:_____

TO-DO LIST

TODAY'S SCHEDULE

Time	
6.00	
6.30	
7.00	
7.30	
8.00	
8.30	
9.00	
9.30	
10.00	
10.30	
11.00	
11.30	
12.00	
12.30	
1.00	
1.30	
2.00	
2.30	
3.00	
3.30	
4.00	
4.30	
5.00	
5.30	
6.00	
6.30	
7.00	
7.30	
8.00	
8.30	
9.00	
9.30	
10.00	
10.30	

TODAY'S MENU

Breakfast	Lunch
Dinner	Snacks

Sunday

DATE:_____

TO-DO LIST

TODAY'S MENU

Breakfast	Lunch
Dinner	Snacks

TODAY'S SCHEDULE	
6.00	
6.30	
7.00	
7.30	
8.00	
8.30	
9.00	
9.30	
10.00	
10.30	
11.00	
11.30	
12.00	
12.30	
1.00	
1.30	
2.00	
2.30	
3.00	
3.30	
4.00	
4.30	
5.00	
5.30	
6.00	
6.30	
7.00	
7.30	
8.00	
8.30	
9.00	
9.30	
10.00	
10.30	

Monday

DATE:_____

TO-DO LIST

TODAY'S SCHEDULE

Time	
6.00	
6.30	
7.00	
7.30	
8.00	
8.30	
9.00	
9.30	
10.00	
10.30	
11.00	
11.30	
12.00	
12.30	
1.00	
1.30	
2.00	
2.30	
3.00	
3.30	
4.00	
4.30	
5.00	
5.30	
6.00	
6.30	
7.00	
7.30	
8.00	
8.30	
9.00	
9.30	
10.00	
10.30	

TODAY'S MENU

Breakfast	Lunch
Dinner	Snacks

Tuesday

DATE:_____

TO-DO LIST

TODAY'S SCHEDULE	
6.00	
6.30	
7.00	
7.30	
8.00	
8.30	
9.00	
9.30	
10.00	
10.30	
11.00	
11.30	
12.00	
12.30	
1.00	
1.30	
2.00	
2.30	
3.00	
3.30	
4.00	
4.30	
5.00	
5.30	
6.00	
6.30	
7.00	
7.30	
8.00	
8.30	
9.00	
9.30	
10.00	
10.30	

TODAY'S MENU

Breakfast	Lunch
Dinner	Snacks

Wednesday

DATE:_____

TO-DO LIST

TODAY'S SCHEDULE

Time	
6.00	
6.30	
7.00	
7.30	
8.00	
8.30	
9.00	
9.30	
10.00	
10.30	
11.00	
11.30	
12.00	
12.30	
1.00	
1.30	
2.00	
2.30	
3.00	
3.30	
4.00	
4.30	
5.00	
5.30	
6.00	
6.30	
7.00	
7.30	
8.00	
8.30	
9.00	
9.30	
10.00	
10.30	

TODAY'S MENU

Breakfast	Lunch
Dinner	Snacks

Thursday

DATE:_____

TO-DO LIST

TODAY'S MENU

Breakfast	Lunch
Dinner	Snacks

TODAY'S SCHEDULE

Time	
6.00	
6.30	
7.00	
7.30	
8.00	
8.30	
9.00	
9.30	
10.00	
10.30	
11.00	
11.30	
12.00	
12.30	
1.00	
1.30	
2.00	
2.30	
3.00	
3.30	
4.00	
4.30	
5.00	
5.30	
6.00	
6.30	
7.00	
7.30	
8.00	
8.30	
9.00	
9.30	
10.00	
10.30	

Friday

DATE:_____

TO-DO LIST

TODAY'S MENU

Breakfast	Lunch
Dinner	Snacks

TODAY'S SCHEDULE

Time	
6.00	
6.30	
7.00	
7.30	
8.00	
8.30	
9.00	
9.30	
10.00	
10.30	
11.00	
11.30	
12.00	
12.30	
1.00	
1.30	
2.00	
2.30	
3.00	
3.30	
4.00	
4.30	
5.00	
5.30	
6.00	
6.30	
7.00	
7.30	
8.00	
8.30	
9.00	
9.30	
10.00	
10.30	

Saturday

DATE:_____

TO-DO LIST

TODAY'S MENU

Breakfast	Lunch
Dinner	Snacks

TODAY'S SCHEDULE

Time	
6.00	
6.30	
7.00	
7.30	
8.00	
8.30	
9.00	
9.30	
10.00	
10.30	
11.00	
11.30	
12.00	
12.30	
1.00	
1.30	
2.00	
2.30	
3.00	
3.30	
4.00	
4.30	
5.00	
5.30	
6.00	
6.30	
7.00	
7.30	
8.00	
8.30	
9.00	
9.30	
10.00	
10.30	

DATE:_____

TO-DO LIST

TODAY'S SCHEDULE

6.00	
6.30	
7.00	
7.30	
8.00	
8.30	
9.00	
9.30	
10.00	
10.30	
11.00	
11.30	
12.00	
12.30	
1.00	
1.30	
2.00	
2.30	
3.00	
3.30	
4.00	
4.30	
5.00	
5.30	
6.00	
6.30	
7.00	
7.30	
8.00	
8.30	
9.00	
9.30	
10.00	
10.30	

TODAY'S MENU

Breakfast	Lunch
Dinner	Snacks

Monday

DATE:_____

TO-DO LIST

TODAY'S MENU

Breakfast	Lunch
Dinner	Snacks

TODAY'S SCHEDULE

Time	
6.00	
6.30	
7.00	
7.30	
8.00	
8.30	
9.00	
9.30	
10.00	
10.30	
11.00	
11.30	
12.00	
12.30	
1.00	
1.30	
2.00	
2.30	
3.00	
3.30	
4.00	
4.30	
5.00	
5.30	
6.00	
6.30	
7.00	
7.30	
8.00	
8.30	
9.00	
9.30	
10.00	
10.30	

Tuesday

DATE:_____

TO-DO LIST

TODAY'S MENU

Breakfast	Lunch
Dinner	Snacks

TODAY'S SCHEDULE

Time	
6.00	
6.30	
7.00	
7.30	
8.00	
8.30	
9.00	
9.30	
10.00	
10.30	
11.00	
11.30	
12.00	
12.30	
1.00	
1.30	
2.00	
2.30	
3.00	
3.30	
4.00	
4.30	
5.00	
5.30	
6.00	
6.30	
7.00	
7.30	
8.00	
8.30	
9.00	
9.30	
10.00	
10.30	

Wednesday

DATE:_____

TO-DO LIST

TODAY'S SCHEDULE	
6.00	
6.30	
7.00	
7.30	
8.00	
8.30	
9.00	
9.30	
10.00	
10.30	
11.00	
11.30	
12.00	
12.30	
1.00	
1.30	
2.00	
2.30	
3.00	
3.30	
4.00	
4.30	
5.00	
5.30	
6.00	
6.30	
7.00	
7.30	
8.00	
8.30	
9.00	
9.30	
10.00	
10.30	

TODAY'S MENU

Breakfast	Lunch
Dinner	Snacks

Thursday

DATE:_____

TO-DO LIST

TODAY'S MENU

Breakfast	Lunch
Dinner	Snacks

TODAY'S SCHEDULE

Time	
6.00	
6.30	
7.00	
7.30	
8.00	
8.30	
9.00	
9.30	
10.00	
10.30	
11.00	
11.30	
12.00	
12.30	
1.00	
1.30	
2.00	
2.30	
3.00	
3.30	
4.00	
4.30	
5.00	
5.30	
6.00	
6.30	
7.00	
7.30	
8.00	
8.30	
9.00	
9.30	
10.00	
10.30	

Friday

DATE:_____

TO-DO LIST

TODAY'S MENU	
Breakfast	Lunch
Dinner	Snacks

	TODAY'S SCHEDULE
6.00	
6.30	
7.00	
7.30	
8.00	
8.30	
9.00	
9.30	
10.00	
10.30	
11.00	
11.30	
12.00	
12.30	
1.00	
1.30	
2.00	
2.30	
3.00	
3.30	
4.00	
4.30	
5.00	
5.30	
6.00	
6.30	
7.00	
7.30	
8.00	
8.30	
9.00	
9.30	
10.00	
10.30	

Saturday

DATE:_____

TO-DO LIST

TODAY'S MENU

Breakfast	Lunch
Dinner	Snacks

TODAY'S SCHEDULE

Time	
6.00	
6.30	
7.00	
7.30	
8.00	
8.30	
9.00	
9.30	
10.00	
10.30	
11.00	
11.30	
12.00	
12.30	
1.00	
1.30	
2.00	
2.30	
3.00	
3.30	
4.00	
4.30	
5.00	
5.30	
6.00	
6.30	
7.00	
7.30	
8.00	
8.30	
9.00	
9.30	
10.00	
10.30	

Sunday

DATE:_____

TO-DO LIST

TODAY'S SCHEDULE

Time	
6.00	
6.30	
7.00	
7.30	
8.00	
8.30	
9.00	
9.30	
10.00	
10.30	
11.00	
11.30	
12.00	
12.30	
1.00	
1.30	
2.00	
2.30	
3.00	
3.30	
4.00	
4.30	
5.00	
5.30	
6.00	
6.30	
7.00	
7.30	
8.00	
8.30	
9.00	
9.30	
10.00	
10.30	

TODAY'S MENU

Breakfast	Lunch
Dinner	Snacks

Monday

DATE:_____

TO-DO LIST

TODAY'S MENU

Breakfast	Lunch
Dinner	Snacks

TODAY'S SCHEDULE

Time	
6.00	
6.30	
7.00	
7.30	
8.00	
8.30	
9.00	
9.30	
10.00	
10.30	
11.00	
11.30	
12.00	
12.30	
1.00	
1.30	
2.00	
2.30	
3.00	
3.30	
4.00	
4.30	
5.00	
5.30	
6.00	
6.30	
7.00	
7.30	
8.00	
8.30	
9.00	
9.30	
10.00	
10.30	

Tuesday

DATE:_____

TO-DO LIST

TODAY'S SCHEDULE

Time	
6.00	
6.30	
7.00	
7.30	
8.00	
8.30	
9.00	
9.30	
10.00	
10.30	
11.00	
11.30	
12.00	
12.30	
1.00	
1.30	
2.00	
2.30	
3.00	
3.30	
4.00	
4.30	
5.00	
5.30	
6.00	
6.30	
7.00	
7.30	
8.00	
8.30	
9.00	
9.30	
10.00	
10.30	

TODAY'S MENU

Breakfast	Lunch
Dinner	Snacks

Wednesday

DATE:_____

TO-DO LIST

TODAY'S MENU

Breakfast	Lunch
Dinner	Snacks

TODAY'S SCHEDULE

Time	
6.00	
6.30	
7.00	
7.30	
8.00	
8.30	
9.00	
9.30	
10.00	
10.30	
11.00	
11.30	
12.00	
12.30	
1.00	
1.30	
2.00	
2.30	
3.00	
3.30	
4.00	
4.30	
5.00	
5.30	
6.00	
6.30	
7.00	
7.30	
8.00	
8.30	
9.00	
9.30	
10.00	
10.30	

Thursday

DATE:_____

TO-DO LIST

TODAY'S SCHEDULE

Time	
6.00	
6.30	
7.00	
7.30	
8.00	
8.30	
9.00	
9.30	
10.00	
10.30	
11.00	
11.30	
12.00	
12.30	
1.00	
1.30	
2.00	
2.30	
3.00	
3.30	
4.00	
4.30	
5.00	
5.30	
6.00	
6.30	
7.00	
7.30	
8.00	
8.30	
9.00	
9.30	
10.00	
10.30	

TODAY'S MENU

Breakfast	Lunch
Dinner	Snacks

Friday

DATE:_____

TO-DO LIST

TODAY'S MENU

Breakfast	Lunch
Dinner	Snacks

TODAY'S SCHEDULE

6.00	
6.30	
7.00	
7.30	
8.00	
8.30	
9.00	
9.30	
10.00	
10.30	
11.00	
11.30	
12.00	
12.30	
1.00	
1.30	
2.00	
2.30	
3.00	
3.30	
4.00	
4.30	
5.00	
5.30	
6.00	
6.30	
7.00	
7.30	
8.00	
8.30	
9.00	
9.30	
10.00	
10.30	

DATE:_____

TO-DO LIST

TODAY'S SCHEDULE	
6.00	
6.30	
7.00	
7.30	
8.00	
8.30	
9.00	
9.30	
10.00	
10.30	
11.00	
11.30	
12.00	
12.30	
1.00	
1.30	
2.00	
2.30	
3.00	
3.30	
4.00	
4.30	
5.00	
5.30	
6.00	
6.30	
7.00	
7.30	
8.00	
8.30	
9.00	
9.30	
10.00	
10.30	

TODAY'S MENU	
Breakfast	Lunch
Dinner	Snacks

DATE:_____

TO-DO LIST

TODAY'S SCHEDULE	
6.00	
6.30	
7.00	
7.30	
8.00	
8.30	
9.00	
9.30	
10.00	
10.30	
11.00	
11.30	
12.00	
12.30	
1.00	
1.30	
2.00	
2.30	
3.00	
3.30	
4.00	
4.30	
5.00	
5.30	
6.00	
6.30	
7.00	
7.30	
8.00	
8.30	
9.00	
9.30	
10.00	
10.30	

TODAY'S MENU	
Breakfast	Lunch
Dinner	Snacks

Monday

DATE:_____

TO-DO LIST

TODAY'S SCHEDULE

Time	
6.00	
6.30	
7.00	
7.30	
8.00	
8.30	
9.00	
9.30	
10.00	
10.30	
11.00	
11.30	
12.00	
12.30	
1.00	
1.30	
2.00	
2.30	
3.00	
3.30	
4.00	
4.30	
5.00	
5.30	
6.00	
6.30	
7.00	
7.30	
8.00	
8.30	
9.00	
9.30	
10.00	
10.30	

TODAY'S MENU

Breakfast	Lunch
Dinner	Snacks

Tuesday

DATE:_____

TO-DO LIST

TODAY'S SCHEDULE

Time	
6.00	
6.30	
7.00	
7.30	
8.00	
8.30	
9.00	
9.30	
10.00	
10.30	
11.00	
11.30	
12.00	
12.30	
1.00	
1.30	
2.00	
2.30	
3.00	
3.30	
4.00	
4.30	
5.00	
5.30	
6.00	
6.30	
7.00	
7.30	
8.00	
8.30	
9.00	
9.30	
10.00	
10.30	

TODAY'S MENU

Breakfast	Lunch
Dinner	Snacks

Wednesday

DATE:_____

TO-DO LIST

TODAY'S MENU

Breakfast	Lunch
Dinner	Snacks

TODAY'S SCHEDULE

Time	
6.00	
6.30	
7.00	
7.30	
8.00	
8.30	
9.00	
9.30	
10.00	
10.30	
11.00	
11.30	
12.00	
12.30	
1.00	
1.30	
2.00	
2.30	
3.00	
3.30	
4.00	
4.30	
5.00	
5.30	
6.00	
6.30	
7.00	
7.30	
8.00	
8.30	
9.00	
9.30	
10.00	
10.30	

Thursday

DATE:_____

TO-DO LIST

TODAY'S SCHEDULE

Time	
6.00	
6.30	
7.00	
7.30	
8.00	
8.30	
9.00	
9.30	
10.00	
10.30	
11.00	
11.30	
12.00	
12.30	
1.00	
1.30	
2.00	
2.30	
3.00	
3.30	
4.00	
4.30	
5.00	
5.30	
6.00	
6.30	
7.00	
7.30	
8.00	
8.30	
9.00	
9.30	
10.00	
10.30	

TODAY'S MENU

Breakfast	Lunch
Dinner	Snacks

Friday

DATE:_____

TO-DO LIST

TODAY'S MENU

Breakfast	Lunch
Dinner	Snacks

TODAY'S SCHEDULE

Time	
6.00	
6.30	
7.00	
7.30	
8.00	
8.30	
9.00	
9.30	
10.00	
10.30	
11.00	
11.30	
12.00	
12.30	
1.00	
1.30	
2.00	
2.30	
3.00	
3.30	
4.00	
4.30	
5.00	
5.30	
6.00	
6.30	
7.00	
7.30	
8.00	
8.30	
9.00	
9.30	
10.00	
10.30	

Saturday

DATE:_____

TO-DO LIST

TODAY'S MENU

Breakfast	Lunch
Dinner	Snacks

TODAY'S SCHEDULE

Time	
6.00	
6.30	
7.00	
7.30	
8.00	
8.30	
9.00	
9.30	
10.00	
10.30	
11.00	
11.30	
12.00	
12.30	
1.00	
1.30	
2.00	
2.30	
3.00	
3.30	
4.00	
4.30	
5.00	
5.30	
6.00	
6.30	
7.00	
7.30	
8.00	
8.30	
9.00	
9.30	
10.00	
10.30	

Sunday

DATE:_____

TO-DO LIST

TODAY'S MENU

Breakfast	Lunch
Dinner	Snacks

TODAY'S SCHEDULE

Time	
6.00	
6.30	
7.00	
7.30	
8.00	
8.30	
9.00	
9.30	
10.00	
10.30	
11.00	
11.30	
12.00	
12.30	
1.00	
1.30	
2.00	
2.30	
3.00	
3.30	
4.00	
4.30	
5.00	
5.30	
6.00	
6.30	
7.00	
7.30	
8.00	
8.30	
9.00	
9.30	
10.00	
10.30	

Monday

DATE:_____

TO-DO LIST

TODAY'S SCHEDULE

Time	
6.00	
6.30	
7.00	
7.30	
8.00	
8.30	
9.00	
9.30	
10.00	
10.30	
11.00	
11.30	
12.00	
12.30	
1.00	
1.30	
2.00	
2.30	
3.00	
3.30	
4.00	
4.30	
5.00	
5.30	
6.00	
6.30	
7.00	
7.30	
8.00	
8.30	
9.00	
9.30	
10.00	
10.30	

TODAY'S MENU

Breakfast	Lunch
Dinner	Snacks

Tuesday

DATE:_____

TO-DO LIST

TODAY'S SCHEDULE

Time	
6.00	
6.30	
7.00	
7.30	
8.00	
8.30	
9.00	
9.30	
10.00	
10.30	
11.00	
11.30	
12.00	
12.30	
1.00	
1.30	
2.00	
2.30	
3.00	
3.30	
4.00	
4.30	
5.00	
5.30	
6.00	
6.30	
7.00	
7.30	
8.00	
8.30	
9.00	
9.30	
10.00	
10.30	

TODAY'S MENU

Breakfast	Lunch
Dinner	Snacks

Wednesday

DATE:_____

TO-DO LIST

TODAY'S SCHEDULE

Time	
6.00	
6.30	
7.00	
7.30	
8.00	
8.30	
9.00	
9.30	
10.00	
10.30	
11.00	
11.30	
12.00	
12.30	
1.00	
1.30	
2.00	
2.30	
3.00	
3.30	
4.00	
4.30	
5.00	
5.30	
6.00	
6.30	
7.00	
7.30	
8.00	
8.30	
9.00	
9.30	
10.00	
10.30	

TODAY'S MENU

Breakfast	Lunch
Dinner	Snacks

Thursday

DATE:_____

TO-DO LIST

TODAY'S MENU

Breakfast	Lunch
Dinner	Snacks

TODAY'S SCHEDULE

Time	
6.00	
6.30	
7.00	
7.30	
8.00	
8.30	
9.00	
9.30	
10.00	
10.30	
11.00	
11.30	
12.00	
12.30	
1.00	
1.30	
2.00	
2.30	
3.00	
3.30	
4.00	
4.30	
5.00	
5.30	
6.00	
6.30	
7.00	
7.30	
8.00	
8.30	
9.00	
9.30	
10.00	
10.30	

Friday

DATE:_____

TO-DO LIST

TODAY'S SCHEDULE

Time	
6.00	
6.30	
7.00	
7.30	
8.00	
8.30	
9.00	
9.30	
10.00	
10.30	
11.00	
11.30	
12.00	
12.30	
1.00	
1.30	
2.00	
2.30	
3.00	
3.30	
4.00	
4.30	
5.00	
5.30	
6.00	
6.30	
7.00	
7.30	
8.00	
8.30	
9.00	
9.30	
10.00	
10.30	

TODAY'S MENU

Breakfast	Lunch
Dinner	Snacks

DATE:_____

TO-DO LIST

TODAY'S MENU	
Breakfast	Lunch
Dinner	Snacks

TODAY'S SCHEDULE

6.00	
6.30	
7.00	
7.30	
8.00	
8.30	
9.00	
9.30	
10.00	
10.30	
11.00	
11.30	
12.00	
12.30	
1.00	
1.30	
2.00	
2.30	
3.00	
3.30	
4.00	
4.30	
5.00	
5.30	
6.00	
6.30	
7.00	
7.30	
8.00	
8.30	
9.00	
9.30	
10.00	
10.30	

DATE:_____

TO-DO LIST

TODAY'S MENU	
Breakfast	Lunch
Dinner	Snacks

TODAY'S SCHEDULE

Time	
6.00	
6.30	
7.00	
7.30	
8.00	
8.30	
9.00	
9.30	
10.00	
10.30	
11.00	
11.30	
12.00	
12.30	
1.00	
1.30	
2.00	
2.30	
3.00	
3.30	
4.00	
4.30	
5.00	
5.30	
6.00	
6.30	
7.00	
7.30	
8.00	
8.30	
9.00	
9.30	
10.00	
10.30	

Monday

DATE:_____

TO-DO LIST

TODAY'S MENU

Breakfast	Lunch
Dinner	Snacks

TODAY'S SCHEDULE

Time	
6.00	
6.30	
7.00	
7.30	
8.00	
8.30	
9.00	
9.30	
10.00	
10.30	
11.00	
11.30	
12.00	
12.30	
1.00	
1.30	
2.00	
2.30	
3.00	
3.30	
4.00	
4.30	
5.00	
5.30	
6.00	
6.30	
7.00	
7.30	
8.00	
8.30	
9.00	
9.30	
10.00	
10.30	

Tuesday

DATE:_____

TO-DO LIST

TODAY'S MENU

Breakfast	Lunch
Dinner	Snacks

TODAY'S SCHEDULE

Time	
6.00	
6.30	
7.00	
7.30	
8.00	
8.30	
9.00	
9.30	
10.00	
10.30	
11.00	
11.30	
12.00	
12.30	
1.00	
1.30	
2.00	
2.30	
3.00	
3.30	
4.00	
4.30	
5.00	
5.30	
6.00	
6.30	
7.00	
7.30	
8.00	
8.30	
9.00	
9.30	
10.00	
10.30	

Wednesday

DATE:_____

TO-DO LIST

TODAY'S SCHEDULE

Time	
6.00	
6.30	
7.00	
7.30	
8.00	
8.30	
9.00	
9.30	
10.00	
10.30	
11.00	
11.30	
12.00	
12.30	
1.00	
1.30	
2.00	
2.30	
3.00	
3.30	
4.00	
4.30	
5.00	
5.30	
6.00	
6.30	
7.00	
7.30	
8.00	
8.30	
9.00	
9.30	
10.00	
10.30	

TODAY'S MENU

Breakfast	Lunch
Dinner	Snacks

Thursday

DATE:_____

TO-DO LIST

TODAY'S SCHEDULE

Time	
6.00	
6.30	
7.00	
7.30	
8.00	
8.30	
9.00	
9.30	
10.00	
10.30	
11.00	
11.30	
12.00	
12.30	
1.00	
1.30	
2.00	
2.30	
3.00	
3.30	
4.00	
4.30	
5.00	
5.30	
6.00	
6.30	
7.00	
7.30	
8.00	
8.30	
9.00	
9.30	
10.00	
10.30	

TODAY'S MENU

Breakfast	Lunch
Dinner	Snacks

Friday

DATE:_____

TO-DO LIST

TODAY'S MENU

Breakfast	Lunch
Dinner	Snacks

TODAY'S SCHEDULE

Time	
6.00	
6.30	
7.00	
7.30	
8.00	
8.30	
9.00	
9.30	
10.00	
10.30	
11.00	
11.30	
12.00	
12.30	
1.00	
1.30	
2.00	
2.30	
3.00	
3.30	
4.00	
4.30	
5.00	
5.30	
6.00	
6.30	
7.00	
7.30	
8.00	
8.30	
9.00	
9.30	
10.00	
10.30	

Saturday

DATE:_____

TO-DO LIST

TODAY'S MENU

Breakfast	Lunch
Dinner	Snacks

TODAY'S SCHEDULE

Time	
6.00	
6.30	
7.00	
7.30	
8.00	
8.30	
9.00	
9.30	
10.00	
10.30	
11.00	
11.30	
12.00	
12.30	
1.00	
1.30	
2.00	
2.30	
3.00	
3.30	
4.00	
4.30	
5.00	
5.30	
6.00	
6.30	
7.00	
7.30	
8.00	
8.30	
9.00	
9.30	
10.00	
10.30	

DATE:_____

TO-DO LIST

TODAY'S MENU

Breakfast	Lunch
Dinner	Snacks

TODAY'S SCHEDULE

Time	
6.00	
6.30	
7.00	
7.30	
8.00	
8.30	
9.00	
9.30	
10.00	
10.30	
11.00	
11.30	
12.00	
12.30	
1.00	
1.30	
2.00	
2.30	
3.00	
3.30	
4.00	
4.30	
5.00	
5.30	
6.00	
6.30	
7.00	
7.30	
8.00	
8.30	
9.00	
9.30	
10.00	
10.30	

Monday

DATE:_____

TO-DO LIST

TODAY'S MENU

Breakfast	Lunch
Dinner	Snacks

TODAY'S SCHEDULE

Time	
6.00	
6.30	
7.00	
7.30	
8.00	
8.30	
9.00	
9.30	
10.00	
10.30	
11.00	
11.30	
12.00	
12.30	
1.00	
1.30	
2.00	
2.30	
3.00	
3.30	
4.00	
4.30	
5.00	
5.30	
6.00	
6.30	
7.00	
7.30	
8.00	
8.30	
9.00	
9.30	
10.00	
10.30	

Tuesday

DATE:_____

TO-DO LIST

TODAY'S SCHEDULE	
6.00	
6.30	
7.00	
7.30	
8.00	
8.30	
9.00	
9.30	
10.00	
10.30	
11.00	
11.30	
12.00	
12.30	
1.00	
1.30	
2.00	
2.30	
3.00	
3.30	
4.00	
4.30	
5.00	
5.30	
6.00	
6.30	
7.00	
7.30	
8.00	
8.30	
9.00	
9.30	
10.00	
10.30	

TODAY'S MENU

Breakfast	Lunch
Dinner	Snacks

Wednesday

DATE:_____

TO-DO LIST

TODAY'S MENU	
Breakfast	Lunch
Dinner	Snacks

	TODAY'S SCHEDULE
6.00	
6.30	
7.00	
7.30	
8.00	
8.30	
9.00	
9.30	
10.00	
10.30	
11.00	
11.30	
12.00	
12.30	
1.00	
1.30	
2.00	
2.30	
3.00	
3.30	
4.00	
4.30	
5.00	
5.30	
6.00	
6.30	
7.00	
7.30	
8.00	
8.30	
9.00	
9.30	
10.00	
10.30	

Thursday

DATE:_____

TO-DO LIST

TODAY'S MENU

Breakfast	Lunch
Dinner	Snacks

TODAY'S SCHEDULE

Time	
6.00	
6.30	
7.00	
7.30	
8.00	
8.30	
9.00	
9.30	
10.00	
10.30	
11.00	
11.30	
12.00	
12.30	
1.00	
1.30	
2.00	
2.30	
3.00	
3.30	
4.00	
4.30	
5.00	
5.30	
6.00	
6.30	
7.00	
7.30	
8.00	
8.30	
9.00	
9.30	
10.00	
10.30	

Friday

DATE:_____

TO-DO LIST

TODAY'S MENU

Breakfast	Lunch
Dinner	Snacks

TODAY'S SCHEDULE

Time	
6.00	
6.30	
7.00	
7.30	
8.00	
8.30	
9.00	
9.30	
10.00	
10.30	
11.00	
11.30	
12.00	
12.30	
1.00	
1.30	
2.00	
2.30	
3.00	
3.30	
4.00	
4.30	
5.00	
5.30	
6.00	
6.30	
7.00	
7.30	
8.00	
8.30	
9.00	
9.30	
10.00	
10.30	

Saturday

DATE:_____

TO-DO LIST

TODAY'S SCHEDULE

Time	
6.00	
6.30	
7.00	
7.30	
8.00	
8.30	
9.00	
9.30	
10.00	
10.30	
11.00	
11.30	
12.00	
12.30	
1.00	
1.30	
2.00	
2.30	
3.00	
3.30	
4.00	
4.30	
5.00	
5.30	
6.00	
6.30	
7.00	
7.30	
8.00	
8.30	
9.00	
9.30	
10.00	
10.30	

TODAY'S MENU

Breakfast	Lunch
Dinner	Snacks

Sunday

DATE:_____

TO-DO LIST

TODAY'S MENU

Breakfast	Lunch
Dinner	Snacks

TODAY'S SCHEDULE

6.00	
6.30	
7.00	
7.30	
8.00	
8.30	
9.00	
9.30	
10.00	
10.30	
11.00	
11.30	
12.00	
12.30	
1.00	
1.30	
2.00	
2.30	
3.00	
3.30	
4.00	
4.30	
5.00	
5.30	
6.00	
6.30	
7.00	
7.30	
8.00	
8.30	
9.00	
9.30	
10.00	
10.30	

Monday

DATE:_____

TO-DO LIST

TODAY'S SCHEDULE

Time	
6.00	
6.30	
7.00	
7.30	
8.00	
8.30	
9.00	
9.30	
10.00	
10.30	
11.00	
11.30	
12.00	
12.30	
1.00	
1.30	
2.00	
2.30	
3.00	
3.30	
4.00	
4.30	
5.00	
5.30	
6.00	
6.30	
7.00	
7.30	
8.00	
8.30	
9.00	
9.30	
10.00	
10.30	

TODAY'S MENU

Breakfast	Lunch
Dinner	Snacks

Tuesday

DATE:_____

TO-DO LIST

TODAY'S MENU

Breakfast	Lunch
Dinner	Snacks

TODAY'S SCHEDULE

Time	
6.00	
6.30	
7.00	
7.30	
8.00	
8.30	
9.00	
9.30	
10.00	
10.30	
11.00	
11.30	
12.00	
12.30	
1.00	
1.30	
2.00	
2.30	
3.00	
3.30	
4.00	
4.30	
5.00	
5.30	
6.00	
6.30	
7.00	
7.30	
8.00	
8.30	
9.00	
9.30	
10.00	
10.30	

Wednesday

DATE:_____

TO-DO LIST

TODAY'S MENU

Breakfast	Lunch
Dinner	Snacks

TODAY'S SCHEDULE

Time	
6.00	
6.30	
7.00	
7.30	
8.00	
8.30	
9.00	
9.30	
10.00	
10.30	
11.00	
11.30	
12.00	
12.30	
1.00	
1.30	
2.00	
2.30	
3.00	
3.30	
4.00	
4.30	
5.00	
5.30	
6.00	
6.30	
7.00	
7.30	
8.00	
8.30	
9.00	
9.30	
10.00	
10.30	

Thursday

DATE:_____

TO-DO LIST

TODAY'S MENU

Breakfast	Lunch
Dinner	Snacks

TODAY'S SCHEDULE

Time	
6.00	
6.30	
7.00	
7.30	
8.00	
8.30	
9.00	
9.30	
10.00	
10.30	
11.00	
11.30	
12.00	
12.30	
1.00	
1.30	
2.00	
2.30	
3.00	
3.30	
4.00	
4.30	
5.00	
5.30	
6.00	
6.30	
7.00	
7.30	
8.00	
8.30	
9.00	
9.30	
10.00	
10.30	

Friday

DATE:_____

TO-DO LIST

TODAY'S MENU

Breakfast	Lunch
Dinner	Snacks

TODAY'S SCHEDULE

Time	
6.00	
6.30	
7.00	
7.30	
8.00	
8.30	
9.00	
9.30	
10.00	
10.30	
11.00	
11.30	
12.00	
12.30	
1.00	
1.30	
2.00	
2.30	
3.00	
3.30	
4.00	
4.30	
5.00	
5.30	
6.00	
6.30	
7.00	
7.30	
8.00	
8.30	
9.00	
9.30	
10.00	
10.30	

Saturday

DATE:_____

TO-DO LIST

TODAY'S MENU

Breakfast	Lunch
Dinner	Snacks

TODAY'S SCHEDULE

Time	
6.00	
6.30	
7.00	
7.30	
8.00	
8.30	
9.00	
9.30	
10.00	
10.30	
11.00	
11.30	
12.00	
12.30	
1.00	
1.30	
2.00	
2.30	
3.00	
3.30	
4.00	
4.30	
5.00	
5.30	
6.00	
6.30	
7.00	
7.30	
8.00	
8.30	
9.00	
9.30	
10.00	
10.30	

DATE:_____

TO-DO LIST

TODAY'S MENU	
Breakfast	Lunch
Dinner	Snacks

TODAY'S SCHEDULE

6.00	
6.30	
7.00	
7.30	
8.00	
8.30	
9.00	
9.30	
10.00	
10.30	
11.00	
11.30	
12.00	
12.30	
1.00	
1.30	
2.00	
2.30	
3.00	
3.30	
4.00	
4.30	
5.00	
5.30	
6.00	
6.30	
7.00	
7.30	
8.00	
8.30	
9.00	
9.30	
10.00	
10.30	

Monday

DATE:_____

TO-DO LIST

TODAY'S MENU

Breakfast	Lunch
Dinner	Snacks

TODAY'S SCHEDULE

6.00	
6.30	
7.00	
7.30	
8.00	
8.30	
9.00	
9.30	
10.00	
10.30	
11.00	
11.30	
12.00	
12.30	
1.00	
1.30	
2.00	
2.30	
3.00	
3.30	
4.00	
4.30	
5.00	
5.30	
6.00	
6.30	
7.00	
7.30	
8.00	
8.30	
9.00	
9.30	
10.00	
10.30	

Tuesday

DATE:_____

TO-DO LIST

TODAY'S SCHEDULE

Time	
6.00	
6.30	
7.00	
7.30	
8.00	
8.30	
9.00	
9.30	
10.00	
10.30	
11.00	
11.30	
12.00	
12.30	
1.00	
1.30	
2.00	
2.30	
3.00	
3.30	
4.00	
4.30	
5.00	
5.30	
6.00	
6.30	
7.00	
7.30	
8.00	
8.30	
9.00	
9.30	
10.00	
10.30	

TODAY'S MENU

Breakfast	Lunch
Dinner	Snacks

Wednesday

DATE:_____

TO-DO LIST

TODAY'S SCHEDULE

Time	
6.00	
6.30	
7.00	
7.30	
8.00	
8.30	
9.00	
9.30	
10.00	
10.30	
11.00	
11.30	
12.00	
12.30	
1.00	
1.30	
2.00	
2.30	
3.00	
3.30	
4.00	
4.30	
5.00	
5.30	
6.00	
6.30	
7.00	
7.30	
8.00	
8.30	
9.00	
9.30	
10.00	
10.30	

TODAY'S MENU

Breakfast	Lunch
Dinner	Snacks

Thursday

DATE:_____

TO-DO LIST

TODAY'S MENU

Breakfast	Lunch
Dinner	Snacks

TODAY'S SCHEDULE

Time	
6.00	
6.30	
7.00	
7.30	
8.00	
8.30	
9.00	
9.30	
10.00	
10.30	
11.00	
11.30	
12.00	
12.30	
1.00	
1.30	
2.00	
2.30	
3.00	
3.30	
4.00	
4.30	
5.00	
5.30	
6.00	
6.30	
7.00	
7.30	
8.00	
8.30	
9.00	
9.30	
10.00	
10.30	

Friday

DATE:_____

TO-DO LIST

TODAY'S MENU

Breakfast	Lunch
Dinner	Snacks

TODAY'S SCHEDULE

6.00	
6.30	
7.00	
7.30	
8.00	
8.30	
9.00	
9.30	
10.00	
10.30	
11.00	
11.30	
12.00	
12.30	
1.00	
1.30	
2.00	
2.30	
3.00	
3.30	
4.00	
4.30	
5.00	
5.30	
6.00	
6.30	
7.00	
7.30	
8.00	
8.30	
9.00	
9.30	
10.00	
10.30	

Saturday

DATE:_____

TO-DO LIST

TODAY'S SCHEDULE

Time	
6.00	
6.30	
7.00	
7.30	
8.00	
8.30	
9.00	
9.30	
10.00	
10.30	
11.00	
11.30	
12.00	
12.30	
1.00	
1.30	
2.00	
2.30	
3.00	
3.30	
4.00	
4.30	
5.00	
5.30	
6.00	
6.30	
7.00	
7.30	
8.00	
8.30	
9.00	
9.30	
10.00	
10.30	

TODAY'S MENU

Breakfast	Lunch
Dinner	Snacks

DATE:_____

TO-DO LIST

TODAY'S MENU

Breakfast	Lunch
Dinner	Snacks

TODAY'S SCHEDULE

6.00	
6.30	
7.00	
7.30	
8.00	
8.30	
9.00	
9.30	
10.00	
10.30	
11.00	
11.30	
12.00	
12.30	
1.00	
1.30	
2.00	
2.30	
3.00	
3.30	
4.00	
4.30	
5.00	
5.30	
6.00	
6.30	
7.00	
7.30	
8.00	
8.30	
9.00	
9.30	
10.00	
10.30	

Monday

DATE:_____

TO-DO LIST

TODAY'S SCHEDULE

Time	
6.00	
6.30	
7.00	
7.30	
8.00	
8.30	
9.00	
9.30	
10.00	
10.30	
11.00	
11.30	
12.00	
12.30	
1.00	
1.30	
2.00	
2.30	
3.00	
3.30	
4.00	
4.30	
5.00	
5.30	
6.00	
6.30	
7.00	
7.30	
8.00	
8.30	
9.00	
9.30	
10.00	
10.30	

TODAY'S MENU

Breakfast	Lunch
Dinner	Snacks

Tuesday

DATE:_____

TO-DO LIST

TODAY'S MENU

Breakfast	Lunch
Dinner	Snacks

TODAY'S SCHEDULE

Time	
6.00	
6.30	
7.00	
7.30	
8.00	
8.30	
9.00	
9.30	
10.00	
10.30	
11.00	
11.30	
12.00	
12.30	
1.00	
1.30	
2.00	
2.30	
3.00	
3.30	
4.00	
4.30	
5.00	
5.30	
6.00	
6.30	
7.00	
7.30	
8.00	
8.30	
9.00	
9.30	
10.00	
10.30	

Wednesday

DATE:_____

TO-DO LIST

TODAY'S MENU

Breakfast	Lunch
Dinner	Snacks

TODAY'S SCHEDULE

Time	
6.00	
6.30	
7.00	
7.30	
8.00	
8.30	
9.00	
9.30	
10.00	
10.30	
11.00	
11.30	
12.00	
12.30	
1.00	
1.30	
2.00	
2.30	
3.00	
3.30	
4.00	
4.30	
5.00	
5.30	
6.00	
6.30	
7.00	
7.30	
8.00	
8.30	
9.00	
9.30	
10.00	
10.30	

Thursday

DATE:_____

TO-DO LIST

TODAY'S MENU

Breakfast	Lunch
Dinner	Snacks

TODAY'S SCHEDULE

Time	
6.00	
6.30	
7.00	
7.30	
8.00	
8.30	
9.00	
9.30	
10.00	
10.30	
11.00	
11.30	
12.00	
12.30	
1.00	
1.30	
2.00	
2.30	
3.00	
3.30	
4.00	
4.30	
5.00	
5.30	
6.00	
6.30	
7.00	
7.30	
8.00	
8.30	
9.00	
9.30	
10.00	
10.30	

Friday

DATE:_____

TO-DO LIST

TODAY'S MENU

Breakfast	Lunch
Dinner	Snacks

TODAY'S SCHEDULE	
6.00	
6.30	
7.00	
7.30	
8.00	
8.30	
9.00	
9.30	
10.00	
10.30	
11.00	
11.30	
12.00	
12.30	
1.00	
1.30	
2.00	
2.30	
3.00	
3.30	
4.00	
4.30	
5.00	
5.30	
6.00	
6.30	
7.00	
7.30	
8.00	
8.30	
9.00	
9.30	
10.00	
10.30	

Saturday

DATE:_____

TO-DO LIST

TODAY'S MENU

Breakfast	Lunch
Dinner	Snacks

TODAY'S SCHEDULE

Time	
6.00	
6.30	
7.00	
7.30	
8.00	
8.30	
9.00	
9.30	
10.00	
10.30	
11.00	
11.30	
12.00	
12.30	
1.00	
1.30	
2.00	
2.30	
3.00	
3.30	
4.00	
4.30	
5.00	
5.30	
6.00	
6.30	
7.00	
7.30	
8.00	
8.30	
9.00	
9.30	
10.00	
10.30	

CPSIA information can be obtained
at www.ICGtesting.com
Printed in the USA
LVHW012324260422
717240LV00012B/923